Elena Aviar

Heil- und Schutzengel

Ausmal- und Meditationsbuch

arkana

Elena Aviar

Heil- und Schutzengel

Ausmal- und Meditationsbuch

arkana

MIX
Papier aus verantwortungsvollen Quellen
FSC® C005833

Verlagsgruppe Random House FSC® N001967

1. Auflage
Originalausgabe

in der Verlagsgruppe Random House GmbH,
Neumarkter Str. 28, 86173 München
Illustrationen: Elena Aviar
Lektorat: Diane Zilliges
Herstellung: Claudia-Maria Weichmann
Satz und Reproduktion: Lorenz & Zeller, Inning a. A.
Umschlaggestaltung: Uno Werbeagentur, München
Druck und Bindung: Těšínská tiskárna, a. s., Český Těšín
Printed in the Czech Republic
ISBN 978-3-442-34195-5

www.arkana-verlag.de

Inhalt

Herzlich willkommen in einer lichtvollen Welt 7

Die Engel als unsere engsten Vertrauten 10

Der Entstehungsprozess der Engelbilder 17

Bilder mit tief greifender Heilwirkung 21

So wird es »dein« Buch 26

Alles Gute für deinen Weg zum Licht 34

Heil- und Schutzengel des Wurzelchakras 36

Heil- und Schutzengel des Sakralchakras 52

Heil- und Schutzengel des Solarplexuschakras 68

Heil- und Schutzengel des Herzchakras 84

Heil- und Schutzengel des Halschakras 100

Heil- und Schutzengel des Stirnchakras 116

Heil- und Schutzengel des Kronenchakras 132

Danksagung 149

Herzlich willkommen in einer lichtvollen Welt

Engel – das hört sich so märchenhaft und unwirklich an. Und doch gibt es sie, und sie befinden sich mitten unter uns, mit all ihren unbegrenzten Möglichkeiten, uns zu helfen und uns zu heilen. Auch wenn sie für unsere Augen nicht sichtbar sind, so sind wir für ihre Augen sehr gut wahrnehmbar. Sie sehen uns, und sie hören alles, was wir sagen und denken. Vor allem aber hätten sie uns so viel zu sagen, wenn wir sie doch bloß auch hören könnten! Wie können wir mit ihnen in Kontakt kommen, so wie wir mit unseren Freunden oder unserer Familie in Kontakt sind? Wie ist es möglich, von jemandem Unterstützung und Antworten auf drängende Fragen zu erhalten, den man gar nicht wahrnimmt?

Die Tür im eigenen Herzen

Es gibt sie, die geheimnisvolle Tür, durch die wir zu ihnen gelangen und mit ihnen sprechen können. Unser Weg zu den Engeln führt über die reine Herzensliebe, über unser Herz. Nicht das organische Herz, sondern vielmehr das spirituelle Herz, das wir stark und offen spüren, wenn uns etwas zutiefst berührt. Dort erleben wir die Verbindung zu unserer Seele und zu allen lichten Wesen, die wir uns nur vorstellen können – und eben auch zu den Engeln. Wer diese Tür einmal geöffnet und diesen Weg beschritten hat, der wird wissen, dass es kein Märchen ist. Er wird den Kontakt zu den Engeln über das Herz nie mehr missen wollen.

Denn es fühlt sich herrlich an! Es fühlt sich an wie ein Nach-Hause-Kommen. Wir fühlen uns geliebt und voll und ganz willkommen. Es fließt die Engelsenergie der Liebe und der Heilung über das Herz in uns hinein. Und das alles nur, weil wir eine Tür geöffnet haben.

Nun, um diese geheimnisvolle Tür aufzustoßen, braucht es nicht viel. Ein bisschen Zeit und ein wenig Vorschussvertrauen können hilfreich sein. Und du solltest mögliche Vorbehalte, dass es so etwas wie Engel »in Wirklichkeit« nicht geben kann, einmal kurz beiseiteräumen. Stell dir stattdessen einmal vor, du wärst wieder ein Kind: mit großen, leuchtenden Augen, bereit, die ganze Welt als Wunder zu betrachten, und alles Neue und Unbekannte mit Freude zu erkunden. Als Kind haben es die meisten von uns geliebt, geheimnisvolle Türen zu öffnen. Jetzt wäre wieder eine Gelegenheit dazu: Öffne dein Herz!

Engelbilder als Herzöffner

Dieses Buch versammelt eine ganze Reihe von recht außergewöhnlichen Engelbildern, die du betrachten und auf dich wirken lassen, die du ausmalen und mit denen du meditieren kannst. So verbindest du dich innig mit der Welt der Engel und erfährst deren Heilkraft.

Über eine solche Verbindung zur lichten geistigen Welt der Engel und ihr Wirken in deinem Alltag kannst du wieder in die Erinnerung an dein höchstes Selbst und deinen göttlichen Ursprung, deine spirituelle Herkunft eintauchen. In der Rückbindung an dein wahres Zuhause in der geistigen Welt kannst du dich intensiv mit deinen Stärken verbinden, dein Potenzial erkennen und vollständig entfalten. Du kannst die Selbstheilungskräfte reaktivieren und über eine Schwingungserhöhung in den ursprünglichen ganzheitlichen Gesundheitszustand zurückkehren, der uns allen naturgemäß eigen ist. Die Engel, deine lichten Helfer, freuen sich, dich dabei zu unterstützen, den göttlichen Plan auf der Welt zu manifestieren. Bewege dich immer mehr in Richtung Freude und ganzheitliche Heilung, hilf dir selbst und allen anderen, die Schwingung dieser Welt so anzuheben, dass sich die Erde in den Platz verwandeln kann, den wir uns für uns selbst und unsere Kinder so sehr wünschen. Genau dabei können dich die Bilder in diesem Buch begleiten.

Die Engel als unsere engsten Vertrauten

Engel existieren seit Anbeginn aller Zeit. Sie tauchen in zahlreichen Religionen auf, aber sie sind nicht religionsgebunden und stehen jedem lebendigen Wesen hilfreich zur Seite. Unabhängig davon, ob an sie geglaubt wird oder nicht, ob ein Mensch spirituell ist oder nicht, ob er religiös ist oder nicht. Um in einen Kontakt mit ihnen zu kommen, ist lediglich der eigene Wunsch nötig und ein offenes Herz.

Als vollkommener Ausdruck höchster göttlicher Liebe sind sie unsere unsichtbaren Freunde, die uns in tiefstem Verständnis für uns selbst und all die Geschichten, die wir erleben und durchleben, begleiten. Sie bringen uns in Berührung mit unserer innersten Wahrheit und wissen über uns und unser Leben vollkommen Bescheid. Sie haben sogar Einblick in unseren einzigartigen Lebensplan und tun alles, damit wir ihn auf beste Weise erfüllen können. Vor allem stärken sie unsere Selbstliebe und Selbstwertschätzung und zeigen uns immer neu den richtigen Weg. Sie hüten und halten die Verbindung zu unserer lichten Urquelle, der wir alle entsprungen sind und die wir beim Eintreten ins Menschsein leider oft vergessen haben. Wenn wir dazu bereit sind, führen uns die Engel auf unserem Lebenspfad zu der Ganzwerdung und Heilung, die wir auf allen Ebenen benötigen.

Immer sind sie für uns da – wenn wir sie rufen und um Unterstützung bitten. Ansonsten halten sie sich, außer in besonderen Notfällen, zurück und lassen uns die Erfahrung machen, allein zurechtzukommen. Die Herausforderungen unseres Lebens meistern wir jedoch um ein Vielfaches leichter in der bewussten Anbindung an unser höheres Selbst und die Engel. Sie lassen uns den Respekt und die Wertschätzung für alles Lebendige, für das Wahre, Schöne und Göttliche in jedem Aspekt des Lebens, der uns begegnet, erkennen.

Gerade in schweren Zeiten können sie uns helfen. In Situationen, in denen uns der Mut verlässt, wenn wir Rückschläge erfahren, uns von unseren nächsten Mitmenschen vernachlässigt und enttäuscht fühlen oder von unseren Liebsten zurückgesetzt oder gar verlassen werden.

Die himmlischen Helfer aktivieren dann unsere positiven geistigen Ressourcen, stärken uns sinnbildlich den Rücken und richten uns nach Tiefschlägen wieder auf. Sie heilen uns auf allen Ebenen, holen unsere Lichtanteile zu uns zurück, wenn wir sie in irgendwelchen Schlachten verloren haben, sie heilen Spaltungen unseres Geistes und aktivieren in uns die Selbstliebe, die wir so dringend benötigen, um alles, was wir uns auf Erden vorgenommen haben, umsetzen zu können.

Vor allem aber helfen sie uns, wesentliche Qualitäten des Menschseins weiterzuentwickeln: Herzensgüte, Ausdauer, Hingabe, Meisterschaft über uns selbst, Mitgefühl, Güte, Toleranz, Verständnis, Dankbarkeit und viele weitere. Indem wir unsere spirituellen Aufgaben erfüllen und bereitwillig zum Wohle des Lebens wirken, im Sinne des großen Ganzen, wachsen und reifen wir ebenso wie das Ganze. Wir legen unsere Fähigkeiten und Talente in die Hände einer übergeordneten liebevollen Kraft. Einer Kraft, die genau weiß, wo wir gebraucht und am besten eingesetzt werden können. Bei all diesen Aufgaben helfen uns die Engel, auch im Angesicht von Hindernissen den Fokus zu behalten und an uns selbst zu glauben.

Die Gestalt der Engel und ihre Aufgabenfelder

Viele Menschen haben über die Zeiten hin ihre Kontakte mit Engeln erzählt oder darüber in wundervollen Büchern geschrieben. Es gibt viele Ähnlichkeiten in den einzelnen Beschreibungen und zugleich auch immer wieder große Unterschiede. Letztlich darf man wohl davon ausgehen, dass sie jedem von uns auf eine andere Weise erscheinen. Meiner Erfahrung nach erlebt jeder Mensch in der Hinwendung an die Engel oder Erzengel oder auch an die Elohim einen ganz eigenen individuellen Austausch mit ihnen. Die Engel werden mit uns immer in unserer jeweiligen Sprache sprechen, und sie werden sich uns in ihrer Schwingung so weit angleichen, dass sie unser Herz berühren und sich verständlich machen können. Theoretisch könnte also jeder Mensch dieser Welt sagen, dass er einen ganz besonderen Draht zu einem bestimmten Engel hat oder einen Erzengel als engen Freund schätzt. Es würde stimmen, weil wir nämlich alle diesen speziellen Draht haben, wenn wir wollen und uns ein wenig darum bemühen. Es gibt hier viel weniger Grenzen, als wir meist glauben.

Das Gleiche gilt für die Zuständigkeit der einzelnen Engel und Erzengel, für ihre Aufgabenfelder. Der Verstand möchte gern klare Zuordnungen, auf die er sich berufen und verlassen kann. In der lichten geistigen Welt ist aber alles miteinander verwoben. Es ist sehr schwierig, dort irgendwo eine klare Grenze zu ziehen und zu sagen: Die Energie des einen Engels hört hier auf, und dort drüben beginnt eine andere. In den Dimensionen der Engel und Erzengel gibt es Gesetze und durchaus auch Bereiche, für die bestimmte Engel zuständig sind und andere nicht. Trotzdem wirken sie oft gemeinsam und arbeiten zusammen. Das wäre auf unserer Ebene vielleicht so, wie wenn sich der Bäcker, der ja eigentlich nur für die Herstellung der Backwaren zuständig ist, mit dem Straßenbahnfahrer, dem Kanalisationsarbeiter und dem Intendanten der Oper zusammentut, damit sie über ihren normalen Beruf hinaus ihre heilenden, kreativen Kräfte bündeln können, um einem Menschen in Not zu helfen.

Jeder Engel und jeder Erzengel hat seine spezielle Frequenz, und die variiert je nach aktuellem Aufgabenbereich. Deshalb können sich die Engel auch in ihrer farblichen Erscheinung den Menschen unterschiedlich zeigen. Auch aus diesem Grund sind sich also die Aussagen medialer Menschen nicht gleich. Die Engel, die du hier in diesem Buch findest, haben ebenfalls auf sehr besondere Weise Form angenommen – genau die, die ihnen für dieses Buch und für dich wichtig und richtig erschien.

Über mich und meine »Zusammenarbeit« mit den Engeln

Schon mein ganzes Leben lang haben mich die Engel begleitet, unterstützt, geheilt und vor Gefahren beschützt. Mein Leben war zunächst vollkommen erfüllt von klassischer Musik, und in meiner Tätigkeit als Orchestermusikerin war ich mit meiner ganzen Seele in diese himmlischen Klänge eingetaucht, spielte mit meiner Oboe Konzerte und reiste um die Welt. Ich dachte damals, ich hätte meine Berufung in der Musik gefunden.

Die erste Erinnerung daran, dass dem nicht so war, bekam ich mit einem unglaublichen Autounfall nach einem meiner Konzerte. Wenn ich ganz ehrlich bin, zeigte sich die Warnung meines Schutzengels bereits eine Woche zuvor und auch die Empfehlung, nicht zu diesem Konzert zu fahren. Aber ich habe alle Anzeichen in den Wind geschlagen.

Es war ein herrlicher Abend mit einem wundervollen Sonnenuntergang. Nach einem wirklich gelungenen Konzert in Heidelberg fuhren mein damaliger Partner und ich entspannt mit 170 Stundenkilometern über die Autobahn. Ich bemerkte plötzlich weiß glitzernde Lichtsäulen, die sich wie in einem Schachbrettmuster auffächernd über die gesamte Autobahn aufzustellen begannen. Und es wurden immer mehr. Mein Partner fuhr nun auch etwas langsamer, obwohl er nichts davon sah. In einem winzigen Moment der Unaufmerksamkeit geriet das Fahrzeug plötzlich ohne irgendeinen äußeren Anlass außer Kontrolle, und wir knallten von einer Leitplanke zur anderen. Unser Auto überschlug sich unzählige Male und bestand am Ende eigentlich nur noch aus einem Klumpen Metall.

In einigem Abstand hinter uns fuhr eine Gesellschaft, die zu einer Faschingsparty wollte. Sie alle sahen fassungslos, wie sich unser Auto überschlug, und hätten bei diesem Anblick nie geglaubt, dass dies jemand überleben könnte. Sie holten uns aus dem Blechhaufen heraus und legten uns auf den Asphalt. Ich musste schon fast lachen, als mir eine wunderschöne Frau mit langen blondgelockten Haaren, einem weißen Partykleid und weißen Engelsflügeln mit einem betroffenen Gesichtsausdruck die Hand hielt, bis der Notarzt kam. Während ich auf dem Boden lag, konnte ich nun deutlich die Lichtsäulen entlang der Autobahn als Engel erkennen. Sie hatten schon lange im Vorfeld gewusst, was passieren würde, und hatten dafür gesorgt, dass niemand anderes in diesen Unfall hineingezogen wurde. Wie durch ein Wunder ist uns nichts passiert. Ich selbst hatte nur einen kleinen blauen Fleck davongetragen und bin den Engeln bis zum heutigen Tag unendlich dankbar dafür.

Als Folge dieses Unfalls bekam ich die Gabe, unangenehme oder dramatische Ereignisse für andere vorherzusehen und sie ähnlich einem Schutzengel vorher zu warnen. Meine Konzerttätigkeit setzte ich zwar erst einmal fort, aber irgendetwas hatte sich verändert. Die Freude an der Musik ließ aus irgendeinem Grund immer mehr nach, und auch der Applaus eines zufriedenen Publikums hinterließ in mir nur noch ein Gefühl der Leere. Wochenlang bereitete ich mich auf Konzerte vor, spielte sie dann aber eher lieblos herunter. Es gab nichts, was mich in dieser Zeit erfreuen konnte. Es schien fast einer Depression gleichzukommen.

Die Wende kam in einer Nacht, als ich mich wieder einmal schlaflos in meine Gedanken vertiefte, wie das Ganze mit der Musik und meiner fehlenden Begeisterung nun weiterlaufen könnte. Was sollte ich nur tun? Nach so vielen Jahren, in denen ich so unendlich viel Zeit mit Liebe und Hingabe in mein Instrument investiert hatte, schien es für mich bedeutungslos geworden zu sein. Und während ich in dieser Nacht so vor mich hin grübelte, stand er plötzlich vor mir. Ich traute meinen Augen kaum: Da war ein riesiger leuchtender Engel in einem weiß-bläulichen Schimmer mit sagenhaft schönen, durchdringenden Augen. Er strahlte eine unglaubliche Klarheit und Stärke aus, und gleichzeitig war der Raum erfüllt von unendlicher Liebe. Er begann mit mir zu sprechen. Ich konnte seine warmherzige Stimme laut und deutlich hören. Er sei Erzengel Michael und gekommen, um mich zu fragen, ob ich bereit sei, mit ihnen, den Engeln, zu arbeiten.

Ich saß auf einmal kerzengerade im Bett und dachte allen Ernstes, mein übermüdeter Geist spiele mir einen Streich. Auf die Frage, um was für eine Arbeit es sich denn handeln würde, zeigte Michael mir Bilder von Menschen, die Hilfe bräuchten. Er zeigte mir, wie mit der Hilfe der Engel und deren Heilungslicht die Menschen körperlich, geistig und seelisch wieder ins Gleichgewicht gebracht werden konnten. Noch einmal fragte er mich, ob ich dazu bereit wäre, mich aktiv in die Anbindung der Erzengel zu begeben und mich von ihnen unterweisen zu lassen, um Menschen zu helfen, die beispielsweise auf einem schulmedizinischen Weg nicht weiterkommen würden.

Als ich dies hörte, war meine Depression schlagartig verschwunden, und eine unglaubliche Freude erfüllte mein Herz. Ich glaube, mein Gesicht hat in diesem Moment in der Dunkelheit des Zimmers mindestens genauso gestrahlt wie der Engel selbst. Ich sagte aus tiefstem Herzen Ja, und damit schlief ich wieder ein.

Allem, was ich seither von den Engeln gezeigt bekommen habe, habe ich vertrauen können. Auf ihre Anweisungen hin habe ich jahrelang viele Stunden am Tag oder auch nachts statt des Schlafes meditiert und so über die Engel das Wissen übermittelt bekommen, das ich für die Heilarbeit brauchte. Der »Unterricht« der Engel war mindestens genauso intensiv und anstrengend wie das tägliche Üben mit meinem Instrument. Die Engel waren und sind sehr liebevolle, aber auch strenge Lehrer.

Von ihnen wurden mir zahlreiche Plätze auf der Welt gezeigt, die ihrer Heilung bedürfen. Für manche dieser Orte reichte es, eine geistige Verbindung herzustellen, um die Energie der Engel dorthin zu leiten, für zahlreiche andere Plätze dieser Welt bekam ich von den Engeln gezielt den Auftrag hinzureisen, um diese oft beeinträchtigten Orte in ihrer Schwingung zu transformieren. So konnte zum Beispiel eine höhere Friedfertigkeit vor Ort erwirkt werden.

Mittlerweile arbeite ich seit etwa zehn Jahren mithilfe der Engel mit Klienten, die mich wegen der unterschiedlichsten Schwierigkeiten in ihrem Leben aufsuchen. Viele sind sehr verzweifelt und finden keinen »normalen« Weg aus ihrer Situation oder Krankheit heraus. Ich verbinde mich dann mit den Engeln und bekomme Informationen über die Hintergründe der jeweiligen Problematik. Diese liegen oft fernab jeglicher für uns mit dem Verstand erklärbaren Logik.

Die Schwingung der Engel wirkt sehr intensiv und heilend auf das gesamte System des Menschen. Dabei wird das Energiefeld des Patienten sehr genau angeschaut und energetisch mit der Lichtfrequenz bestimmter Engel gereinigt. Allein diese Reinigung zeigt bei den meisten schon innerhalb der ersten Behandlung eine deutliche Verbesserung der Symptome. Ihre Stimmung ist nach einer Behandlung meistens deutlich heller, sie sind gelassener, zuversichtlicher und haben einen deutlich positiveren Blick auf ihre Problematik gewonnen. Und das alles über den Einfluss von Licht: Engelslicht.

Es ist für mich sehr schön zu erleben, wenn die Menschen in der Meditation vom Licht der Engel berührt werden und das Gefühl bekommen zu schweben. Manchen fließen die Tränen aufgrund der überwältigenden Liebe, die ihnen von den Engeln entgegengebracht wird. Viele fangen an sich zu erinnern: an ihr eigenes spirituelles Zuhause in der Ewigkeit, in der alles lichtvoll und heil ist.

Der Entstehungsprozess der Engelbilder

Im Laufe meiner Heilarbeiten mit den Engeln machte ich letztes Jahr eine für mich überraschende Erfahrung. Ich sah bei einem Freund eine große leere Leinwand stehen und spürte den Impuls, ihn zu fragen, ob ich diese bemalen dürfe. Er hatte nichts dagegen. So nahm ich einen Bleistift, und ehe ich wusste, wie mir geschah, begann eine starke, liebevolle Energie meine Hand zu führen. Ich wusste in diesem Moment, dass nicht ich es bin, die dieses Bild, das hier entstehen wollte, zeichnet. Ich selbst hatte überhaupt keine Vorstellung davon, was ich in diesem Moment eigentlich malen wollte. Ich sah mir quasi selbst dabei zu, wie meine Hand mit absoluter Sicherheit über die Leinwand fuhr, so als ob da jemand ganz genau wusste, was hier entstehen sollte. Das war eine völlig neue Erfahrung für mich.

Ich sah bald Lichtfunken, die aus dem Bild herausleuchten, obwohl es nur mit Bleistift gezeichnet war. Eine große Schutzengelgöttin von 1,60 Meter Höhe war entstanden und sah mir mit ihrem direkten, kraftvollen Blick in die Augen. Ich wusste sofort, dass dieses Bild zu mir gekommen war, um mir etwas zu zeigen. Zu sehen und zu spüren war die weibliche Urkraft und ein großer Schutzengel – und das offensichtlich nicht nur für mich. Denn auch andere, die dieses Bild betrachteten, fühlten sich stark berührt, inspiriert und bewegt.

Es folgten daraufhin über hundert weitere Bilder. Jede dieser Zeichnungen entstand in einem Guss innerhalb einer sehr kurzen Zeit und wurde nie nachkorrigiert. Ich habe von den Engeln die klare Botschaft bekommen, diese Bilder nicht am Computer nachzubearbeiten, zu verschönern oder ebenmäßiger zu gestalten, um den freien, künstlerischen, lebendigen Ausdruck am Leben zu erhalten, über den die Engel heilend auf den Betrachter einwirken können. Ihre lebendige Energie, die durch die Bilder transportiert wird, sollte nicht von einem Computer verstellt oder »entseelt« werden, auch wenn die Bilder dadurch etwas unregelmäßig erscheinen.

Individueller Ausdruck

Dankenswerterweise haben die Engel meine Liebe zu Asien, zur asiatischen Tempelkultur und zum Yoga mit berücksichtigt und den individuellen Möglichkeiten, Engel einmal auf diese Weise darzustellen, keine Grenzen gesetzt. Deshalb haben die Engel in dieser Version einen leicht asiatischen Einschlag oder Yogakleidung an. Das aber heißt nicht, dass alle Menschen dieser Welt asiatisch angehauchte Schutz- und Heilungsengel um sich herumfliegen haben. Die Engel selbst sind Lichtwesen und können jedwede Gestalt annehmen. Die Frequenzen, die sie aussenden, sind sehr vielfältig und werden von uns ganz unterschiedlich wahrgenommen. Es ist aus meiner Sicht eine Interpretation unseres Geistes, ob wir Engel als Licht, Lichtsäule, menschliche Gestalt mit Flügeln und gütigem Gesicht wahrnehmen oder ob wir einfach eine liebevolle, kraftvolle Energie spüren, ohne jemanden zu sehen.

Alle Engelsbilder des Buches und auch die dazugehörigen Meditationen sind an schönen Kraftplätzen entstanden. Die Energie und Kraft des jeweiligen Landes ist mit in diese Bilder und Texte eingeflossen: die Schönheit Thailands, die Mystik Balis, der Spirit Indiens, der Frieden japanischer Tempel, der Zauber Australiens, die Liebe Hawaiis, die Freiheit Kappadokiens, die Reinheit Kroatiens und die Kraft des kolumbianischen Dschungels.

Sieben mal sieben Engel

Neunundvierzig ganzseitige Engelzeichnungen findest du in diesem Buch. Alle sind sie in ihrer grundlegenden Thematik den sieben Chakren zugeordnet, sodass sich sieben große Themenfelder ergeben. Dort warten dann jeweils sechs Engel und ein Erzengel auf dich.

Die Erzengel haben ihren Platz an erster Stelle und sind gewissermaßen die Schirmherren und Schirmfrauen der folgenden Engel. Das entspricht ihrer gesonderten Position in der Hierarchie der Engel. Sie betreuen die höchsten Aufgaben, beispielsweise für die gesamte Menschheit und die Welt und wirken übergeordnet auf das kosmische Geschehen ein. Dennoch stehen sie auch einzelnen Menschen sehr nah und können über eine Bitte oder ein Gebet hilfreich und heilend aufs individuelle Leben einwirken. Und da sie den anderen Engeln vorstehen, schwingt die jeweilige Erzengelenergie durch jeden anderen Engel mit hindurch und beeinflusst den jeweiligen Themenbereich zusätzlich positiv. Mit welchem Engel auch immer du dich verbindest, es werden über seinen hochschwingenden Einfluss Blockaden gelöst und Heil- und Entwicklungsprozesse beschleunigt sowie Lebensaufgaben bereinigt und harmonisiert.

Die Zuordnung zu den Chakren kann dir helfen, dich genau dem Engel zuzuwenden, der gerade zu dir passt. Du brauchst das aber wiederum auch nicht zu streng zu sehen. Meiner Erfahrung nach wirken alle Erzengel und Engel positiv auf jeden Bereich des Lebens ein und somit auch auf jedes Chakra und seine Lebensthemen.

Die Symbolik der Bilder

Die Engelbilder symbolisieren die tiefe Verbindung zu unseren unsichtbaren Helfern, den Schutz-und Heilungsengeln, und stehen auch für die Verbindung zu den hilfreichen, schützenden, heilenden, freudvollen Aspekten in uns selbst. In einer Zeit, in der die Yang-Energie weltweit meist vorherrscht und die leichten, lichten Yin-Impulse langsam Raum greifen, damit eine ausgeglichene Balance entsteht, zeigen die Engel hier mit ihren meist weiblichen Zügen ihren Bezug zur Stärkung der weiblichen Kraft. In diesem Sinne des Ausgleichs wirken sie auf energetische Ungleichgewichte und Disharmonien im Universum. Sie verbinden uns mit den Heilkräften der Natur, mit den Himmelswelten, der Sonne, dem Mond und der Erde.

Fast jeder Engel in diesem Buch wird begleitet von Sonnen, Monden, Lotosblumen und Krafttieren wie Vögeln, Löwen und Pferden. Diese Symbole dienen, zusätzlich zu den Engeln selbst, der Erinnerung an die allgegenwärtige göttliche Kraft und der Stärkung des eigenen Selbstbewusstseins. Sie haben in ihrer jeweiligen Anzahl einen weiteren heilenden Bezug auf das Unterbewusstsein, in dem die archetypische Bedeutung dieser Symbole verankert ist.

Bilder mit tief greifender Heilwirkung

Die Engelbilder sind wunderbare Werkzeuge der Heilung. Und das auf mehreren Ebenen – ob du sie nur betrachtest, darin malst oder damit meditierst: Sie bewirken etwas in dir, sie verwandeln dich auf heilsame Weise.

Eine tiefe Berührung der Seele

Die Engelbilder, die du hier findest, haben eine enorme Kraft. Durch sie dringt die Energie der Engelwelt zu dir. Das bloße Betrachten kann dich schon wandeln und heilen – umso mehr, wenn du dafür offen und empfänglich bist. Manche der Darstellungen werden dich vielleicht tief berühren und dein Herz öffnen. Andere könnten alte Erinnerungen in dir wachrufen – Bilder deiner Seele. Oder sie stoßen Entscheidungen in dir an, Vorhaben, die du schon lange umsetzen wolltest.

Hinwendung zum Wesentlichen

Der Fokus auf den Konsum in unserer heutigen Welt scheint unser Augenmerk von der Bewusstheit dessen, wer wir wirklich sind und weswegen wir auf diese Welt gekommen sind, abzulenken. Die übertriebene Hinwendung zu materiellen Gütern lässt uns mehr und mehr die Verbindung zu unserer wahren Natur vergessen, was wiederum einen Hunger erzeugt, der durch keinen Kauf und kein Event gestillt werden kann. Satt und genährt fühlen wir uns nur durch die Hinwendung zu uns selbst.

Die lichte geistige Welt hilft dem Betrachter der Bilder, sich von den Dingen zu lösen, die ihm nicht guttun, und erhebt seinen oft in »Niederes« verstrickten Geist, sich auf neue, höhere Ebenen zu erheben. Dorthin, wo Erfüllung, wahre Lebensfreude und Heilung möglich sind.

Der Geist wird weit

Allein beim Betrachten bringen die Bilder durch die vielschichtigen Anordnungen der Verzierungen und Symbole Bewegung in den Geist, der sich dabei aus möglicherweise festgefahrenen Bahnen lösen kann. Verfolgst du visuell den Verlauf der Linien, kann das deiner typischen, gewohnten Art zu denken entgegenwirken, und du kannst dir bestimmter Themen und Lösungsansätze bewusst werden, die dir zuvor verborgen blieben. Die Bilder helfen zugleich dabei, den Geist zu zentrieren und so in eine Haltung des inneren Friedens zu gelangen.

Reinigung der Aura

Wenn das Energiefeld eines Menschen aufgrund der energetischen Belastungen, denen er im Laufe seines Lebens ausgesetzt war, dunkel und schwer geworden ist, kann die Wahrnehmung seines Selbst, seiner Seele oder seines Herzens dadurch sehr eingeschränkt sein. Auch die Fähigkeit des Spürens von hochschwingenden Energien wie den Engeln kann dadurch völlig abstumpfen. Es wäre vielleicht vergleichbar mit jemandem, der mit zwanzig Mänteln gleichzeitig in der Sonne sitzen würde und dem zwar zu warm wäre, der aber nicht wüsste, dass ihn diese Mäntel umhüllen. Begabte Heiler und Heilerinnen haben die Gabe, solche Energien zu sehen oder zu erfühlen und Verunreinigungen in der Aura zu entfernen.

Aus der Sicht der Engel ist heute die Zeit gekommen, diese Bereinigung und Heilung jedem in die Hände zu geben, der daran interessiert ist, sich selbst wieder in einen Zustand des Friedens, der Harmonie und Balance zu begeben. Auch dazu dienen die Engelbilder in diesem Buch.

Stell dir doch einmal vor, du wärst ein leuchtendes, kristallklares Gefäß. Quasi eine wunderschöne Vase, die im Laufe des Lebens, angefüllt von deinen Erfahrungen, Färbungen angenommen hat. Je nach Qualität deiner Gedanken, die du für dich gewählt hast, und je nach den Ereignissen, mit denen du dich konfrontiert sahst, hast du vielleicht etwas vom früheren Leuchten verloren, und das Gefäß ist trüb geworden. Viele Ereignisse waren sicher schön und haben Farbe in dein Gefäß gebracht. Vielleicht gibt es aber auch einige dunkle Stellen, die du gern bereinigen möchtest.

Nun stell dir – am besten, während du eines der Bilder vor dir liegen hast – per Gedankenkraft vor, wie in die Vase die reinigende Kraft der Engel hineinströmt. Das Licht der Engel kannst du dir wie einen hellen weißen Laser- oder Wasserstrahl vorstellen, und du selbst bestimmst die Intensität der Reinigung. Sind es nur die dunklen Stellen, die heller werden sollen? Gibt es einige bunte Stellen, die du vielleicht auch loslassen könntest, um Platz für neue Erfahrungen zu machen? Oder möchtest du wieder der ursprünglich reine, strahlende Kelch sein, der du einmal zu Beginn warst? Welche Erfahrungen in deinem Gefäß werden für deine Entwicklung noch benötigt, und welche können losgelassen werden? Du kannst mit dem jeweiligen Engel sprechen und ihm sagen, wie intensiv der Lichtstrahl das Gefäß reinigen soll.

Wundere dich aber nicht, wenn erst einmal einiges an Schlamm und altem Müll aus dem Gefäß gespült wird. Das gehört bei einer Reinigung dazu. Danach fühlst du dich aber innerlich geklärt und frei und kannst viel leichter neue positive Gedanken und Entscheidungen für dich treffen. Damit sorgst du dafür, dass dein Gefäß in Zukunft rein und leuchtend bleibt.

Die engelhafte Stimme der Intuition

Geht es dir auch so, dass du manchmal das Gefühl hast, etwas Bestimmtes zu tun oder besser nicht zu tun? Oder einen bestimmten Weg gehen zu müssen, auch wenn er dir ungewöhnlich erscheint? Oft ist es unser Schutzengel, der uns animiert, uns auf eine bestimmte Art und Weise zu verhalten, der versucht, uns den richtigen Weg zu weisen oder uns davor zu bewahren, eine falsche Entscheidung zu treffen. Häufig aber schaltet sich bei solchen intuitiven Eingebungen der Verstand nahezu im selben Moment ein und nimmt der inneren Stimme die Kraft und uns das Vertrauen, an sie zu glauben – sei es aus Angst oder aus Sorge wegen einer schwierigen Entscheidung.

Hören wir jedoch auf das ursprüngliche Gefühl, das meist nicht rational erklärbar ist, erfahren wir hinterher oft, dass es die richtige Entscheidung war. Auf unser »Bauchgefühl« zu achten erweist sich meist als der bessere Weg.

Aus meiner Erfahrung mit Engeln kann ich sagen, dass sie oft als Stimme der Intuition in unser Leben kommen. Sie geben uns leise Hinweise für unseren Lebensweg – und wenn wir denen folgen, kommen wir auf beste Weise voran, im Sinne der Heilung und der spirituellen Weiterentwicklung. Egal, was die Engel uns sagen, wir werden uns dabei immer gut und aufgehoben fühlen. Es wird uns immer eine Lösung angeboten, und wir werden von den Engeln garantiert nie allein gelassen. Oft reicht schon eine kleine Bitte an sie, und sie schauen, was sie für uns tun können. Sie respektieren dabei natürlich unseren Seelenplan und unseren freien Willen.

Auch beim Betrachten der Bilder in diesem Buch kannst du aktiv auf deine innere Stimme lauschen. Und dazu gleich ein Tipp, der immer dann hilfreich ist, wenn du dir nicht sicher bist, wie vertrauenswürdig eine innere oder »höhere« Stimme ist, die du vernimmst: Kannst du bei den vermittelten Worten oder dem Gefühl, das ausgelöst wird, frei atmen? Oder stockt der Atem kurz? Wenn du frei atmen kannst, dann kannst du dem Impuls, den du wahrnimmst, folgen. Stockt der Atemfluss, dann solltest du die Entscheidung noch einmal überdenken.

So wird es »dein« Buch

Mit den Bildern in diesem Buch hast du unzählige Möglichkeiten, dich auf die Welt der Engel einzustimmen und dein Leben durch sie verwandeln zu lassen. Das intuitive Vorgehen scheint mir dabei ein sehr passendes. Ich weiß nicht, wie es dir geht, aber wenn ich durch eine Buchhandlung schlendere, schnappe ich mir oft, ohne nachzudenken, ein Buch aus irgendeinem Regal und schlage es irgendwo an einer beliebigen Stelle auf. Das, was ich auf der jeweiligen Seite zu lesen bekomme, hält fast immer etwas Interessantes oder Wichtiges für mich bereit oder gibt mir einen bedeutsamen Hinweis auf einen Aspekt oder ein Thema in meinem Leben, das daraufhin deutlich mehr in meinen Fokus rückt.

Wenn du möchtest, kannst du es bei diesem Buch hier ebenso halten. Nimm es einfach in die Hand und schlag es an einer beliebigen Stelle auf. Der Engel auf der entsprechenden Seite ist dann für diesen Augenblick »dein« Engel und freut sich, dir bei dem, was dich gerade beschäftigt, behilflich zu sein.

Du kannst nun dir selbst und deinen Gefühlen und Bedürfnissen Aufmerksamkeit schenken, indem du dir einen Moment der Ruhe schenkst und das aufgeschlagene Engelbild einfach nur betrachtest, seine Energie auf dich wirken lässt oder mit diesem Bild eine Weile meditierst. Du könntest dich beim Betrachten des Engels auch mit deinem eigenen Schutzengel, sozusagen als Quelle kreativer Eingebungen, verbinden und das Bild dann ausmalen oder weiterhin nur betrachten und nachspüren, was das mit dir macht.

Das bloße Betrachten

Die Bilder einfach nur zu betrachten und den eigenen Geist aus dem Alltagsbewusstsein heraus auf etwas Positives zu lenken oder zur Ruhe zu bringen ist bereits ein großer Gewinn. Es eröffnet dir die Möglichkeit, dich zu entspannen oder emotionale Unausgeglichenheit zu harmonisieren. Die aus den Engelszeichnungen hervortretende Kraft kann dich zu einer höheren Bewusstheit und einer ganzheitlichen Sichtweise führen.

Du brauchst nichts weiter zu tun, als ein Engelbild auf dich wirken zu lassen. Wenn dir das Freude macht, erhöht sich automatisch deine Grundschwingung, und du kommst umso leichter in einen Entspannungszustand, der Heilung und Inspiration möglich macht.

Das Ausmalen

Wenn du ein Engelbild ausmalen und dich dabei mit dem Heilungs- und Schutzengel verbinden möchtest, dann kannst du dir ähnlich wie für eine Meditation einen schönen gemütlichen Platz hierfür suchen und dich vielleicht mit deiner Lieblingsmusik, etwas Räucherwerk und Kerzenschein entspannen.

Beim Ausmalen selbst gibt es keine Regeln. So wie es sich für den Moment stimmig anfühlt, kannst du die Farben und die Maltechnik frei wählen. Ob Filzstifte, Buntstifte, Aquarell, Gouache oder Pastellstifte – was auch immer du magst, im Haus hast oder ausprobieren willst.

Wähle intuitiv einen Engel aus, der dich am meisten anspricht, und stimme dich auf ihn ein. Vielleicht verrät er dir, mit welchen Farben er am liebsten gestaltet werden möchte. Oder du siehst ihn bereits farbig vor dir. Oder du blickst auf deine Stifte oder die Farbpalette und lässt dich von der Vielfalt dort verzaubern. Dann beginnst du, den Engel vor dir zum Leben zu erwecken. Er wird sich unendlich freuen und dir mit seiner Liebe und seiner Kraft zur Seite stehen, wenn du dies wünschst.

Lass dich inspirieren und lege einfach los! Die feinen Linien können sehr genau ausgemalt werden, du kannst aber auch großflächig darübermalen. Vielleicht nimmst du auch nur den Bleistift, mit dem du ein paar Schattierungen in den Engel hineinzeichnest. Alles ist möglich.

Wenn es dir Freude bereitet und du gern deine Geduld trainierst, kannst du das Bild tatsächlich sehr genau und fein ausmalen und deinen Geist von den vielen kleinen Verzierungen und zauberhaften Elementen aus dem oft angestrengten Alltagsbewusstsein in einen anderen Denkfluss umlenken. Das kann stark entschleunigend wirken. Du brauchst dich beim Ausmalen in keinster Weise anzustrengen oder es besonders »perfekt« machen zu wollen. Gib dir einfach ein bisschen Zeit und Raum, zu dir selbst zu finden. Sobald es sich für dich anstrengend anfühlt, lege den Stift beiseite und entspanne.

Wenn du beispielsweise den Engel der Liebe für dich erwählt hast, könntest du während des Ausmalens über das Thema Liebe nachdenken oder meditieren und dich über die Entspannung und die zunehmende Ruhe deines Geistes von der Liebesenergie des Engels berühren und positiv aufladen lassen. Die Gedanken und Impulse, die dir beim Ausmalen kommen, kannst du, wenn du möchtest, auch notieren. Nach und nach wirst du eins mit dieser Energie und lässt sie tief in dir wirken.

Es kann natürlich auch passieren, dass während des Ausmalens unangenehme, angestaute Gefühle hochkommen, die bislang unterdrückt und nicht wahrgenommen worden sind. Jetzt ist offenbar die beste Gelegenheit, dass diese sich zeigen können und ihre Energie in Liebe angenommen und transformiert werden kann. Beobachte einfach nur deine Gefühle wie Trauer oder auch Wut. Identifiziere dich aber nicht mit ihnen. Sie kommen, weil sie dir etwas zeigen möchten. Wische sie nicht wieder vom Tisch, sondern nimm sie an. Als etwas, was jetzt da ist, zu dir gehört und auch wieder gehen wird, wenn es ausreichend gewürdigt wurde.

Du kannst die Gefühle beim Ausmalen leichter verarbeiten. Wenn dich eine Emotion aber regelrecht überrollen sollte, lege den Stift beiseite, schließe die Augen und atme dich durch dieses Gefühl hindurch. Bitte den Engel oder deinen Schutzengel, dir zu helfen und dich mit der entsprechenden Heilungsenergie zu verbinden. Die Emotion wird immer leichter, wenn du es einfach geschehen lässt und beobachtest, wie du mithilfe der Engel wieder in die eigene Mitte zurückfindest. Danach wirst du dich frisch und friedvoll fühlen. Wenn du möchtest, male anschließend einfach etwas weiter aus. Vielleicht bemerkst du aber auch einen Impuls, etwas anderes Gutes für dich zu tun, wie zum Beispiel rauszugehen und einen Spaziergang zu machen. Wie auch immer du mit den Bildern umgehst, wenn du dich für die Energie der Engel öffnest, wirst du viel Heilung erfahren können.

Mit den Engeln meditieren

Zu jedem Engel, dessen Bild du in diesem Buch findest, gibt es eine Meditation. Bei den Erzengeln am Anfang eines jeden Chakrakapitels sind es ausführliche, »große« Meditationen, die viel an Reinigung, Heilung und spirituellem Impuls bringen können. Bei allen anderen Engeln stehen kleinere Anregungen für meditative Momente im Alltag oder ein paar Fragen, die du dir stellen kannst, während du dich mit dem Bild befasst.

Wenn du das Buch »zufällig« auf der Seite eines Erzengels und der dazugehörigen Meditation aufgeschlagen hast, empfiehlt es sich, einen schönen Rahmen zu schaffen und zunächst einmal diese große Meditation zu machen. Dabei wirst du dich von belastenden Energien reinigen und dich mit neuer positiver Engelsenergie aufladen. Hierbei kann sich deine Schwingung deutlich erhöhen, und du findest danach einen noch tieferen Zugang zu der Energie des Engelsbildes.

Da die Meditationstexte etwas lang sind, hier drei Möglichkeiten, sie zu nutzen: Du liest sie einfach mehrfach durch, bis du sie verinnerlicht hast und problemlos mit geschlossenen Augen durchführen kannst. Oder du lässt dir die Meditation von jemandem, den du magst und dem du vertraust, vorlesen – langsam und in einem ruhigen, getragenen Ton. Diese Person wird sich während des Vorlesens auch von den Engelsenergien verwöhnen lassen können, auch wenn sie selbst nicht so tief in die Meditation eintauchen kann wie du. Alternativ kannst du den Text auch auf ein Aufnahmegerät sprechen und es dann abspielen, wann immer du meditieren möchtest. Genieße die Schwingung und die Energie der Erzengel und lass dich von ihnen verzaubern und in deine Balance zurückführen! Du kannst daraus eine regelmäßige Praxis machen. Du wirst intuitiv spüren – oder es dir vielleicht von einem Engel zuflüstern lassen –, wenn es Zeit für diese Meditationen ist.

In diesen Übungen gehst du eine intensive Verbindung mit den himmlischen Mächten ein. Auch wenn der erste Kontakt mit so jemand Übergroßem wie einem Erzengel noch etwas Schüchternheit hervorrufen könnte, habe Mut und probiere es einfach einmal aus. Je öfter du die Engel bittest, mit dir in Kontakt zu treten, und je mehr deine feinstofflichen Körper durch die Engelsenergien harmonisiert werden, desto klarer wirst du die Engel sehen und hören. Damit hast du die besten Berater an deiner Seite. Du kannst zu 100 Prozent auf sie zählen.

Das gilt natürlich auch für die anderen Engel, die für uns Menschen ähnlich übergroß wie Erzengel sind. Vielleicht schlägst du eine Seite mit einer kurzen Alltagsmeditation oder einer Selbstreflexion auf, bei der dich der abgebildete Engel unterstützen kann. Diese Impulse bieten die vielfältigsten Effekte auf Körper, Geist und Seele. Du wirst mit der Zeit ruhiger, entspannter, zentrierter und damit auch gesünder, freudvoller und zuversichtlicher. Auf einer höheren Ebene kannst du die Offenbarung dessen erhalten, wer du wirklich bist und wer zu sein du dich für dieses Leben entschieden hast, für den Zeitraum deines Aufenthalts in der Dualität. Wenn die Zeit reif ist und wir uns unserer eigenen unvergänglichen Natur gewahr werden, sind bei dieser besonderen Erfahrung die Engel immer gegenwärtig. Denn sie heben unsere Schwingung so weit an, dass es uns möglich wird, in einen anderen Wahrnehmungsbereich zu gelangen. Dies sind sehr besondere Momente in unserem Leben: Wir können dann unsere eigene Ewigkeit erahnen, die unveränderliche göttliche Präsenz in uns. Wir erkennen, dass wir selbst reines göttliches Bewusstsein sind. Auf diesem Weg erfahren wir die unendliche göttliche Liebe und den wahren Frieden, nach dem wir uns so sehr sehnen und der jenseits unserer bisherigen Vorstellungen liegt. Das Erleben des eigenen ewigen Seelenlichts ist eine wunderschöne, unvergleichliche Erfahrung.

Mach dir aber bitte keine Gedanken, wenn es noch nicht beim ersten Mal derartig lichtvoll sein sollte. Es ist ein Weg. Die Engel wirken in den Meditationen sehr individuell auf den Einzelnen ein und unterstützen den jeweils nächsten Heilungsschritt. Wenn du die gleiche Meditation im Abstand von einigen Tagen oder Wochen erneut durchführst, wirst du deshalb trotz der gleichen Worte völlig andere Erfahrungen und Wahrnehmungen erleben können.

Meditation, in welcher Form auch immer, ist allein schon Licht für das menschliche Bewusstsein und fördert das allgemeine Wohlbefinden genauso intensiv wie die spirituelle Entwicklung. Meditation in Verbindung mit unseren Schutz- und Heilungsengeln kann uns noch mehr in Berührung mit unserem Herzen und mit unserer Seele bringen. Über die Engelmeditationen verbindet sich unsere innere Welt mit der irdischen äußeren und der lichten geistigen Welt zu einem harmonischen Ganzen. Das wirkt sich auf alle Lebensfelder aus.

Heilungswege

Es gibt noch weitere Wege, die Engelbilder zu nutzen. Wenn es in deinem Körper eine Stelle gibt, die der Heilung bedarf, und es sich für dich richtig anfühlt, dann kannst du das Bild und die dazugehörige Engelsenergie auch in diese Stelle des Körpers »hineinvisualisieren«. Über das Bild kann sich die harmonisierende Energie auf deinen Körper oder den Geist übertragen.

Gern kannst du das Bild auch kopieren und dann als positiven Schwingungsträger in deine Wohnung legen oder an die Wand hängen. Auf welchen Wegen auch immer die Schwingung zu dir kommt, sie ist es, die deinen Heil- und Entwicklungsweg ausgleichen und beschleunigen kann.

Ein innerer Raum der Ruhe

Geistigen Frieden und spirituelles Erwachen können wir durch ganz gewöhnliche – achtsam ausgeführte – Handlungen erlangen, wie zum Beispiel durch das Teetrinken oder eben das Ausmalen eines Mandalas oder Engelbildes. Wir versenken uns ganz in den Moment und die Energie des Bildes und kommen dadurch zur Ruhe in uns selbst. Mit der Zeit können wir uns sehr bewusst einen Raum der Ruhe in unserer Mitte schaffen, in dem jederzeit die Möglichkeit gegeben ist, Ewigkeit und die Verbindung zu uns selbst zu erfahren.

In diesem Raum können wir dem normalen Alltagswahnsinn einmal für einen Moment entwischen und uns zum Auftanken zurückziehen. Einmal kurz innehalten und durchatmen. Sich hinsetzen und in der Achtsamkeit zu sich selbst finden. Genau dafür kannst du die Engelbilder – ob bereits ausgemalt oder nicht – sehr gut nutzen. Die Ruhe, die dadurch vermehrt in dein Leben kommt, wird dir guttun und dein Wohlbefinden insgesamt deutlich steigern. Auch die geheimnisvolle Tür in deinem

Herzen, von der ich eingangs sprach, wird sich in dieser Ruhe leicht öffnen lassen. Die Heilungsenergie der Engel wird in der Stille am besten empfangen. Zugleich aber verhilft sie dir zu genau der Ruhe und Ausgeglichenheit, die du benötigst.

Wenn du dir den »inneren Ruheraum« einmal erschaffen hast, kannst du ihn überall in Sekundenschnelle aufsuchen. Selbst unterwegs beim Laufen, bei der Arbeit oder an einer lauten Ampelkreuzung. Je entspannter du wirst, desto stärker trittst du in Resonanz mit den lichten Engelswesen. Je erfüllter du von Liebe bist, desto leichter kannst du mit deinen Schutz- und Heilungsengeln kommunizieren. Je mehr du dich selbst in Selbstliebe hüllst, desto stärker wirst du die Engel wahrnehmen, die dir wiederum noch mehr an Selbstliebe offenbar werden lassen.

Alles Gute für deinen Weg zum Licht

Möge dieses Buch allen Menschen, die einen Weg aus der Dunkelheit ins Licht suchen oder die auf ihrem spirituellen Weg einen neuen Impuls wünschen, eine helfende Tür sein, durch die bedingungslose Liebe, unendliches Licht, Heilung und Harmonie in ihr Leben und in die Welt kommen.

Dieses Buch ist ebenso allen Menschen gewidmet, die einfach nur mal zur Ruhe kommen und ihren Fokus vom Alltagsbewusstsein auf eine künstlerisch-spirituelle Ausdrucksweise lenken möchten, die sie inspiriert und bei ihren Lebensaufgaben liebevoll unterstützt. Die Meditationen und Bilder sind all jenen gewidmet, die einen intensiven heilsamen Kontakt mit ihrem Schutzengel suchen oder ihren Kontakt zur Welt der Engel allgemein vertiefen möchten.

Mögen deine Gedanken von Leichtigkeit und Licht erfüllt sein!

Im Namen der Engel, für deren Führung und Begleitung, auch durch dieses Buch, ich unendlich dankbar bin, wünsche ich dir aus tiefstem Herzen Liebe, Heilung und viel Freude!

Heil- und Schutzengel des Wurzelchakras

Das Wurzelchakra befindet sich unten am Ende der Wirbelsäule und stellt unsere Verbindung zur Erde dar. Über die Füße und eben dieses Wurzelchakra nehmen wir die erdhafte Lebensenergie in uns auf, die dann an die höheren Chakren weitergegeben wird. Es steht sinnbildlich für die Verwurzelung in Mutter Erde und das damit verbundene Urvertrauen und die Sicherheit im Leben. Es ist allgemein unsere Verbindung zum physischen Körper und zur physischen Welt. Gerade das Urvertrauen ist der Grundbaustein für unsere Neugier, uns ins Leben hinauszuwagen, auf der Suche nach der Erkenntnis unserer selbst. Ist dieses Lebensvertrauen groß, haben wir starke Wurzeln. Es kann uns beinahe alles gelingen.

Erzengelmutter Sophia

Sie ist die Schutzengelgöttin aller Frauen und der weiblichen Kraft in jedem Menschen. Sie stärkt das verletzte Weibliche und heilt die Dysbalance zwischen dem männlichen und dem weiblichen Pol. Oft zeigt sie sich umringt von einem riesigen Engelsheer. Sie verbindet dich mit der kosmischen Ur-Mutterkraft und hüllt dich in ihre bedingungslose Liebe ein.

Ihre Meditation dient der Heilung und dem Schutz deiner Aura und kann auch die Schwingung in deinen Räumen erhöhen. Außerdem kann sie die liebevollen inneren Eltern aktivieren, denn kosmologisch betrachtet steht die Erde für unsere Mutter und der Himmel für unseren Vater.

Such dir einen schönen Platz, an dem du dich wohlfühlst. Wenn du möchtest, zünde ein wenig Räucherwerk an und stell weiße, gelbe oder goldene Kerzen auf. Du kannst auch sanfte Musik auflegen.

Nimm dann mit aufrechtem Rücken Platz, schließe entspannt die Augen und lege die Hände mit den Handflächen nach oben auf die Oberschenkel. Konzentriere dich auf die Mitte der Brust, auf dein Herzzentrum, und atme über dein Kronenchakra am Scheitel rosa-goldfarbenes Licht tief in dein Herz hinein. Denke dabei: »Ich atme göttliche Liebe ein.« Atme nach unten über dein Wurzelchakra oder deine Füße aus und denke dabei: »Ich lasse alles los, was nicht Liebe ist.« Mach das sieben Mal.

Danach kehrst du die Richtung um. Du atmest rosa-goldfarbenes Licht von unten nach oben, hinein in dein Herz und über das Kronenchakra hinaus. Denke beim Einatmen: »Ich schöpfe Energie aus Mutter Erde.« Und beim Ausatmen wieder: »Ich lasse alles los, was nicht der Liebe entspricht.« Spüre, wie sich alle deine Zellen mit neuer pulsierender Lebensenergie füllen.

Nach sieben Atemzügen konzentrierst du dich auf dein Herzzentrum und sprichst in Gedanken: »Ich verbinde mich mit meinem Herzen, mit der großen göttlichen, kosmischen mütterlichen Energie. Und so bitte ich die Erzengelmutter Sophia herbei.«

Vom Himmel kommend strömt nun ein großer leuchtender weiß-goldener Wirbelwind zu dir hinab und hüllt dich vollkommen in seine Kraft. Mit seinen glänzenden Lichtstrahlen fegt er durch dich hindurch, durch dein Haus, deine Wohnung und deine Energiekörper. Engel der Freude und des Lichts kündigen Sophia an und neutralisieren mit ihrer erfrischenden, transformierenden Lichtenergie alle negativen Energien um dich herum. Sie heben die Schwingung in dir und im Raum um dich herum an. Es fühlt sich wundervoll an. Auch wenn dir etwas schwindelig werden sollte, atme weiter tief und bewusst in deinen Herzraum und fühle, wie sich große Erleichterung und Vorfreude in dir einstellen.

Eingehüllt in die Liebe der Engel begegnet dir nun, auf einer riesigen goldenen Lotosblume stehend, die Schutzengelgöttin Sophia. Ihre Augen ruhen sanft auf dir, und sie segnet dich. Sie bittet dich, näher zu kommen, und hüllt dich in ihr zauberhaftes goldenes Licht ein. Eine Hand hält sie schützend über deinen Kopf, die andere auf dein Herzchakra. Spürst du, wie ihre heilende Liebe und ihre Lichtimpulse in dich hineinfließen? Sie balancieren deine Chakren aus und stabilisieren insbesondere dein Wurzelchakra, das bald kraftvoll vibriert und leuchtet.

Erzengelmutter Sophia zeigt dir nun vor deinem geistigen Auge ein Haus mit so vielen Etagen, wie du Lebensjahre zählst. Alles, was sich unter diesem Haus befindet, die Kellerräume, gehört zu früheren Inkarnationen. Schau dir an, wie viele der Etagen hell erleuchtet sind und bei welchen das Licht fehlt oder abgedunkelt ist. Diese Zeiten bedürfen der Heilung. Und die Keller wahrscheinlich auch.

Bitte Erzengelmutter Sophia, ihre Liebe und ihr Licht in alle die dunklen Etagen zu senden, damit jede von ihnen mit Licht erfüllt wird. Über Raum und Zeit hinweg können alle Muster, Verletzungen und Anteile deiner selbst erlöst und geheilt werden. Sie schickt ihr heilendes, segnendes Licht auch weit über dieses Leben hinaus in deine Vergangenheit, bis all die Kellerräume blitzen und funkeln. Und sie gibt ihre Heilkraft sogar in deine Zukunft. Wenn du Kinder hast, bitte Sophia, auch ihnen dieses heilende Licht zu schicken und sie in einen Schutzmantel aus Licht zu hüllen.

Lass dir Zeit. Lass das Bild des über und über lichterfüllten Hauses noch etwas auf dich wirken. Bedanke dich dann bei Erzengelmutter Sophia und ihren Engeln und verabschiede dich. Über ihr goldenes Licht wird nun eine Brücke hergestellt, über die du wieder zurück in deinen physischen Körper, in deine jetzige Realität, in dein Zimmer reisen kannst. Werde dir deines Körpers wieder ganz bewusst. Nimm drei tiefe Atemzüge und öffne dann die Augen. Du bist nun wieder ganz im Hier und Jetzt. Deine Aura ist noch immer vollkommen in Liebe gehüllt.

Schutzengelgöttin

Atme in Zeiten besonderer Herausforderungen tief in dein Herz und rufe die lichtvolle Schutzengelgöttin in dir an, damit sie dich mit ihren goldenen Flügeln umarmt und dir mit ihrer unendlichen Weisheit und Liebe die Mitte stärkt. Sie wird dir die Kraft zurückholen, die du verloren hast.

Engel der Liebe

Die Engel der Liebe schenken dir in jeder Sekunde deines Seins ihre gesamte Aufmerksamkeit. Sie sind immer mit dir und begegnen dir in tiefer Liebe und Respekt.

Geh mit dir selbst ebenso um. Setz dich vor einen Spiegel und betrachte dich einfach nur still, in aller Ruhe. Schau dir in die Augen und versuche, dein wahres Sein zu erspüren. Kannst du in deinen Augen die Liebe deiner Seele sehen? Empfange diese Liebe und sende sie deinem Spiegelbild zurück.

Engel der Herzensverbundenheit

Fühlst du dich manchmal einsam, sogar wenn du mit lieben Menschen zusammen bist? Hast du im Moment nicht genügend Lebensfreude und fühlt sich alles für dich anstrengend an? Kommen deine Worte manchmal ein wenig zu hart bei deinem Gegenüber an, das sich dann verletzt fühlt?

Wenn dein Herz gerade etwas blockiert ist und du keine Verbindung zu dir selbst und zu deinen Mitmenschen fühlst, ist es an der Zeit, dich neu zu nähren, sodass du dich dann von ganz allein wieder öffnen willst. Bitte den Engel der Herzensverbundenheit, dich mit göttlicher Liebe zu erfüllen. Wenn du spürst, dass du über und über davon erfüllt bist, dann lass die Liebe über dein Herz zu allen Menschen fließen, die dir wichtig sind. Beschenke sie mit deiner Herzenswärme und lass dich überraschen, was du von ihnen empfangen wirst.

Engel des Lebens und Wachsens

Vielleicht ist es an der Zeit, einigen Lebensfeldern eine Extraportion Liebe und Zuwendung zu schenken. Genau das nämlich bringt die Kraft mit sich, die du benötigst und nach der du dich möglicherweise sehnst. Lege alles, was du zum Wachsen bringen möchtest, in die Hände dieses Engels. Tu das ganz direkt in deiner Vorstellung und sieh, wie er sich darum kümmert, dein Leben erblühen zu lassen.

Engel der Erdung und der Stabilität

Bringen dich schon Kleinigkeiten aus der Ruhe? Befindest du dich im Dauerstress oder in ständiger Sorge um deine Kinder oder die Arbeit? Bitte den Engel der Erdung und Stabilität, dich innerlich zu stärken. Spüre, wie er insbesondere an deinen Füßen wirkt, sodass du dich bewusst und spürbar in der Erde verwurzeln kannst.

Dieser Engel ist außerdem ein guter Ratgeber. Lausche auf seine Botschaft. Vielleicht sagt er: Lauf mal wieder barfuß über weiches Gras. Iss mehr Wurzelgemüse. Nutze Räucherwerk wie Weihrauch und Myrrhe. Pflanze ein paar Blumen. Mal ein Bild mit viel Rot … All das schenkt dir Erdung.

Engel der Vitalität und Kraft

Halte einen Moment inne in dem, was du gerade tust, und spüre in dich hinein. Stell dir die Frage: »Wenn ich innerlich einen Eimer hätte, zu wie viel Prozent wäre der momentan mit Kraft und Vitalität gefüllt?« Wenn als Antwort 50 oder gar nur 10 Prozent kommen, wäre eine Regenerationspause ratsam. Du findest gerade keine Gelegenheit, dir eine längere Ruhezeit zu gönnen? Dann bietet dir der Engel der Vitalität und Kraft an, sich mit ihm zu verbinden und den inneren Krafteimer mit seiner Energie zu füllen. Lass also über deine Vorstellung lebendige, sprudelnde Lebensenergie von diesem Engel in dich hineinfließen. Lass dich von ihm mit seiner Lichtmedizin versorgen.

Heil- und Schutzengel des Sakralchakras

Das Sakralchakra liegt etwas unterhalb des Nabels und ist mit unserer Lebensfreude verbunden, mit der Kreativität, dem lustvollen Gestalten, dem Spielerischen und auch der Sexualität. Die Beziehungswelt gehört ebenfalls dazu. Ist es gut entwickelt, genießen wir unser Leben in vollen Zügen.

Erzengel Chamuel

Er ist ein Engel der Liebe und einer der größten Heiler von zwischenmenschlichen Beziehungen und hilft bei jeder Art von Verstrickung und Streit. Er verbindet uns mit der Urquelle der Liebe, wenn wir uns von ihr abgekoppelt fühlen. So öffnet er unsere Herzen und schafft eine Verbindung zwischen Menschen und auch Kulturen. Verständnis und Vertrauen wachsen. Wir nehmen einander über unsere Herzen wahr. Dabei hilft auch seine Selbstliebe- und Vergebungsmeditation:

Zünde eine rosafarbene und eine grüne Kerze und etwas Räucherwerk an und schau, dass du für die nächste Zeit nicht gestört wirst. Setz dich auf das Sofa oder auf ein Sitzkissen am Boden. Schließe die Augen und fühle in deine leicht geöffneten Hände hinein, die entspannt auf deinen Oberschenkeln ruhen. Sei dir deiner Präsenz bewusst und atme tief und entspannt in deinen Bauch.

Frage dich selbst: »Wie kann ich mehr Liebe leben, wie kann ich mich der Liebe bewusst mehr öffnen?«

Stell dir vor deinem geistigen Auge eine weißlich rosafarbene Blase vor. Mit jedem Atemzug wird diese Blase größer, so als würdest du mit deinem Atem einen Luftballon aufblasen. Atme so lange weiter, bis die weiß-rosa Lichtblase deine Körpergröße erreicht hat, und klettere in Gedanken hinein.

Du bist nun völlig eingehüllt in das zarte Licht und spürst rings um dich her Liebe und Geborgenheit. Du atmest weiter in diese Lichtblase hinein, sodass sie immer größer wird und mit dir zu schweben beginnt. Immer höher hinauf bewegt ihr euch, ganz und gar eingestimmt auf die Frequenz der Liebe. Und in dieser Schwingung lädst du nun Erzengel Chamuel ein, der mit einem Lächeln vor dir erscheint.

Er reicht dir die Hand, sodass du aus deinem Lichtballon aussteigen kannst, und führt dich durch einen paradiesischen Garten mit blühenden Blumen und herrlichen alten Bäumen zu einem kleinen Kristalltempel mit einem goldenen Dach. Im warmen Sonnenlicht funkeln unzählige Mosaiksteinchen am Boden, weiße Säulen werden von lichten seidenen Vorhängen umspielt. Du fühlst dich vollständig eingehüllt in die Liebe von Chamuel. All seine Heilungsengel versammeln sich nun nach und nach in der Mitte des Tempels, um dir dabei zu helfen, dich dauerhaft im Zustand der Liebe zu verankern. Drei Stationen wirst du dafür durchschreiten.

In der Mitte des Tempels steht zunächst ein Engelsbrunnen, der mit seinem kristallklaren Wasser all deine vergangenen Schmerzen aus alten Beziehungen fortwäscht. Lass dir von den Heilungsengeln hineinhelfen und tauche tief ins Wasser ein. Spüre, wie das heilende Engelswasser in jede deiner Poren und in jede noch so kleine Nische deines Unterbewusstseins eindringt und all das herauswäscht, was du an Schmerz in dir vergraben hast. Wenn jetzt ein Gefühl des Schmerzes oder der Angst hochkommt, freue dich darüber und übergib es deinen Heilungsengeln und dem Wasser. Jede emotionale oder mentale Unreinheit darf nun gefühlt und losgelassen werden.

Steige dann wieder aus dem Wasser und bitte Erzengel Chamuel darum, dich mit Selbstliebe aufzufüllen, die auch in all die Stellen deines Wesens fließt, wo vorher Verdunkelungen oder Verletzungen waren. Gib dir etwas Zeit zum Nachspüren.

Erzengel Chamuel nimmt dich dann wieder an die Hand und führt dich aus dem Kristalltempel hinaus zu deiner zweiten Station der Heilung. In seinem Paradiesgarten gibt er dir einen Spaten in die Hand und bittet dich, ein Loch zu graben, in das du alle deine alten Gewohnheiten und Reaktionsmuster hineingeben kannst, die du bereit bist aufzugeben, um mehr Liebe in deinem Leben zu entfalten. So gräbst du – und stehst bald vor dem Loch, das genauso groß ist, wie es jetzt nötig ist. Du fühlst die Hand Chamuels freundschaftlich auf deiner Schulter. Er fragt dich: Welche belastenden Gedanken blockieren deinen Zustrom an Liebe und halten dich davon ab, dich dem Leben aus tiefster Seele in Freude hinzugeben?

Ob du sie bewusst weißt oder nicht, lass all das Hinderliche in die Erde fließen, tief hinein in das Loch, das du gegraben hast. Schütte es dann wieder zu und bitte Erzengel Chamuel, dir bei der Umsetzung neuer Gedanken der Liebe und der Verbundenheit zu helfen. Fasse den Entschluss, ab jetzt Gedanken der Liebe, der Selbstliebe und des Miteinander zu nähren, und fühle, wie gut sich das anfühlt.

Erzengel Chamuel zeigt dir in diesem Garten einen wunderschönen alten Baum: deinen persönlichen Kraftbaum, der dir helfen wird, deinen Liebesentschluss wirklich umzusetzen. Es ist ein Baum, an dem du zur Ruhe kommen und dir erlauben kannst, dass sich dein Herz neu entfaltet, wenn es sich im Alltag klein gemacht hat. Er gibt dir die Kraft, stets aus deiner Mitte heraus zu fühlen, zu denken und zu handeln. Vielleicht willst du ihn umarmen und dich von seiner Kraft durchfluten lassen?

Nach dieser dritten Station der Heilung und Stärkung bist du umfassend vorbereitet für ein neues Leben – in Liebe und dem Gefühl des herzlichen Miteinander. Freue dich auf die Veränderungen, die nun kommen werden, und entscheide aufs Neue, künftig dir selbst und anderen in Liebe und Respekt zu begegnen.

Erzengel Chamuel bringt dich nun zurück zu deinem rosafarbenen Lichtballon. Voller Dank verabschiedest du dich und fliegst zurück in deine irdische Präsenz und in dein Zimmer. Atme tief ein und aus, warte einen kleinen Augenblick, bis du spürst, dass du vollständig wieder hier angekommen bist, und öffne dann die Augen.

Engel der Musik

Musik ist wie Wasser, das fließend die Seele berührt. Weiche und sanfte Klänge harmonisieren deine Gefühle. Trommel und Rasseln aktivieren, beleben und begeistern dich und helfen dir, deine Energien zu transzendieren. Mantras verbinden dich mit dem All-Eins des Universums und führen dich zurück in deine Mitte.

Sei achtsam mit dem, was du an deine Ohren lässt. Wähle die Musik mit Bedacht. Frage auch den Engel der Musik, ob er dir etwas empfehlen kann, was genau jetzt am besten zu dir passt. Du wirst seinen Rat in deinem Herzen spüren.

Engel des kreativen Lebensflusses

Dieser Engel sagt dir, dass es Zeit ist, deine kreative Schöpferkraft einzusetzen, um in deinem Leben erfolgreich zu sein und deine wahre Kraft zu zeigen. Lass dich von deiner Kreativität in die Freiheit führen. Du wirst darüber grenzenlose Freude erfahren.

Engel der Harmonie und der Balance

Harmonie im Leben kann über die vielfältigsten Bereiche entstehen. Ernährst du dich gesund? Bewegst du dich und hältst dich auf diese Weise fit? Versuchst du, deine Beziehungen ausgewogen zu gestalten und Streit immer gleich zu schlichten, sollte er mal entstehen?

Der Engel der Harmonie und der Balance hilft dir, Ausgewogenheit überall in deinem Leben zu finden. Die richtige Balance zwischen Aktivität und Ruhe gehört ebenfalls dazu. Wende dich vertrauensvoll an ihn, wenn du hierfür Impulse wünschst.

Engel der Schönheit und Empfänglichkeit

Die Schönheit einer duftenden Rosenblüte lässt uns lächeln und öffnet uns das Herz. In Anbetracht ihrer Vergänglichkeit werden wir umso empfänglicher für ihren Zauber. Wir müssen nur hinschauen.

Wie ist das bei dir? Hältst du ab und zu inne, um den blauen Himmel oder einen Sonnenuntergang zu betrachten?
Bist du empfänglich für die Klänge eines Symphoniekonzerts?
Oder für das Gezwitscher der Vögel?

Verbinde dich mit dem Engel der Schönheit und Empfänglichkeit und erlaube dir, die Schönheit und die feinen Schwingungen um dich herum immer wieder neu wahrzunehmen. Sie beschenken dich reich und machen dir auch deine eigene innere Schönheit stärker bewusst.

Engel der Anziehung und Sinnlichkeit

Die Engel bringen alles in unser Leben, wofür wir offen sind. Das ist das wahre Gesetz der Anziehung: Richte dich zum Licht und zur Liebe hin aus, öffne dein Herz – und du wirst Licht und Liebe erfahren.

Lass dein Leben dabei auch sinnlich sein. Genieße mit all deinen Wahrnehmungskanälen, was um dich herum ist, in der Weite und in der Nähe. Und genieße dich selbst mit diesem offenen Herzen.

Engel der Liebe und Leidenschaft

Der Engel der Liebe und Leidenschaft schaut dich mit einem sanften Blick an und fragt: Wie viel Liebe, Freude und Begeisterung empfindest du für dich selbst und für dein Leben? Wie viel Leidenschaft und Feuer bringst du für deine Fähigkeiten und deine Arbeit auf? Wie viel Freude hast du mit deinem Partner? Wärst du selbst jemand, mit dem du gern zusammen sein würdest?

Du kannst den Engel jederzeit bitten, dich neu mit der tief in dir schlummernden Liebe und der vollen Begeisterung für das Leben zu verbinden. Und auch für deine Leidenschaft kannst du dich immer wieder neu entscheiden.

Heil- und Schutzengel des Solarplexuschakras

Diesem Chakra wird als Symbol die strahlende Sonne zugeordnet. Es lässt das Licht unserer Seele in die Welt hinaus leuchten. Knapp unter dem Sonnengeflecht liegend schwingt es in Resonanz mit dem Emotionalkörper. Einige seiner Hauptthemen sind unsere Präsenz und Außenwirkung, Durchsetzungskraft, Selbstdisziplin, Macht und Selbstsicherheit. Es ist der Sitz unserer Persönlichkeit. Einfach gesagt repräsentiert der Solarplexus unser Selbstbewusstsein, unsere innere Klarheit und unser persönliches Machtgefühl.

Erzengel Michael

Erzengel Michael ist einer der größten und bekanntesten Schutzengel. Seine Kraft ist unendlich lichtvoll und stark, sodass man sich seiner Macht kaum entziehen kann. In seiner Gegenwart kann man nichts verbergen. Weder vor ihm noch vor sich selbst. Sein Licht ist strahlend weiß-hellblau. Er ist ein Krieger Gottes und steht für das göttliche Gewissen und die Gerechtigkeit. Seine Kraft wirkt wie ein Schutzschild gegen jede Form von Negativität. Wenn der Mensch bereit ist, seine Herzenswahrheit zu leben, stärkt Michael ihm den Rücken und verleiht ihm Kraft, Ausdauer, Disziplin und die Stärke, seine Wahrheit zu leben, auch gegen Widerstände im Außen.

Er verleiht uns Menschen die Stärke, uns den Tatsachen zu stellen und unsere Aufgaben anzunehmen, auch wenn sie uns ein hohes Maß an Mut und Durchhaltevermögen abverlangen. Er ist der stetige Begleiter, der uns auf dem Weg in die eigene

Kraft führt und uns hilft, die Schleier der Illusion zu durchleuchten. Nur so können wir den Weg zu unserer Seele, unserem wahren Licht erkennen. Er hilft uns, die richtige Einstellung zu uns und dem Leben einzunehmen und positive Strategien und Lösungen in Konflikten zu finden. Er unterstützt alle Menschen, die auf der politischen Bühne für Frieden und Gerechtigkeit kämpfen. Dabei verleiht er ihnen den Schutz, den sie gegen Angriffe der gegnerischen Seite benötigen. In seinem Licht wird alles sichtbar und auf den rechten Weg gebracht.

Die Meditation, die Erzengel Michael für dieses Buch durchgegeben hat, ist kurz und einfach – denn wir alle brauchen tatkräftige Hilfen im Alltag, die auch blitzschnell funktionieren. Sie dient dazu, sich der Aspekte und Resonanzen, die sich in uns selbst nicht gut anfühlen, bewusst zu werden und sie für die Heilung und Transformation freizugeben. Die Übung ermöglicht es uns, auf eine leichte Art und Weise »alten Ballast« abzustreifen und uns neu auf den eigenen Weg einzustellen. Wie nebenbei wird jede Art der Selbsttäuschung aufgedeckt. Wir erspüren die eigene Herzenswahrheit und finden die Kraft, ihr zu folgen.

Du kannst sie in allen möglichen Situationen anwenden, auch wenn sie speziell für den Straßenverkehr beschrieben wird.

Stell dir vor, du kommst an eine laute, dicht befahrene Kreuzung. Die Ampel steht auf Rot. Du fühlst den Impuls in dir, genervt zu reagieren, und fühlst dich von der Ampel in deinem Lebensfluss unterbrochen. Das ist der Moment, innezuhalten und anders zu reagieren als gewohnt. Jedes negative Gefühl kannst du zum Üben nutzen und lernen, solche Emotionen aufzulösen. Quasi nebenbei. Wenn unangenehme Gefühle hochkommen, ist das wunderbar! Denn dann musst du gar nicht erst lange nach Aufgaben für deinen Weg suchen.

Du visualisierst nun einfach in Sekundenschnelle einen weißen Schutzkreis um dich herum und bittest Erzengel Michael und dein hohes Selbst herbei. Nun fühlst du die Emotion, die sich in dir breitgemacht hat, und machst dir klar bewusst, dass auch sie in deinem weißen Schutzkreis ist. Dann sagst du den Satz: »Das ist nicht meine Wahrheit! Ich lasse diesen Gedanken und diese Emotion los und übergebe sie meinem hohen Selbst und Erzengel Michael zur Heilung und Transformation.«

Das ist schon alles. Die Ampel schaltet auf Grün, du kannst weiterfahren oder -gehen und deine negativen Empfindungen fühlen sich schon nicht mehr ganz so negativ an. Vielleicht bist du sie dann auch los. Wenn nicht, wiederhole die Übung in deinem Geist.

Engel der Sonne, der Feuerkraft und der Stärke

Wer möchte das nicht? Freudestrahlend und energiegeladen leben, voller Enthusiasmus und Elan seine Projekte anpacken, auf allen Ebenen erfolgreich sein?

Lass dich vom Engel der Sonne, der Feuerkraft und der Stärke inspirieren! Stell dir vor, wie großartig es sich anfühlt, wenn du in deiner ganzen Größe und Kraft erstrahlst. Dieser Engel verleiht dir mit seiner Energie Flügel, mit denen du in großer Freude vorankommst auf deinem Weg ins Licht.

Engel der Selbstbestimmung

Gelingt es dir, deinen eigenen, den ganz persönlichen Ausdruck deiner Seele zu zeigen? Traust du dich, jeden Tag mehr zu deiner wahren Größe und Stärke zu gelangen? Wenn du bereit bist, dich mit Liebe zu deiner Bestimmung hinzubewegen, meisterst du alle Hürden und wirst genauso erfolgreich, wie deine Seele es sich für dich wünscht. Lass dir vom Engel der Selbstbestimmung helfen, die Botschaften deiner Seele so zu empfangen, dass du sie gut verstehen und im Leben umsetzen kannst.

Engel der Motivation und Ausdauer

Ein lohnendes Ziel steht am Anfang. Etwas, wofür du brennst und alle nötigen Schritte unternimmst. Fehlen dir dann doch einmal Motivation und Ausdauer, rufe diesen Engel herbei. Er macht dich wieder stark für dein Ziel. Er lässt dir Flügel wachsen.

Engel der Toleranz

Singt dein Nachbar mal wieder bei geöffnetem Fenster endlos Karaoke? Mäht ein anderer seinen Rasen, obwohl Sonntag ist und du deine Ruhe möchtest? Hat dein Partner zum hundertsten Mal vergessen, die Tür zuzumachen, bevor er laut telefonierend durch sein Arbeitszimmer tigert? Vielleicht fällt es dir auch schwer, Stopp zu sagen, wenn dich eine Freundin mit Geschichten überrollt, die du allmählich nicht mehr hören kannst … Toleranz mit anderen und mit sich selbst ist keine leichte Sache. Mit der Unterstützung des zuständigen Engels allerdings können wir es lernen. Und das Leben wird viel leichter.

Engel der Wertschätzung

Betrachte es als spirituelle Meisterübung, dich nicht aus deiner Mitte bringen zu lassen, wenn du angefeindet wirst oder dich jemand unfreundlich behandelt. Versuche innerlich stark zu bleiben und nicht in der gleichen Weise unfreundlich zu reagieren. Bleib in der Wertschätzung, für dich und dein Gegenüber. Das wird sicherlich nicht immer gelingen. Aber wenn du den Engel der Wertschätzung an deiner Seite weißt, kann es umso leichter klappen. Mit der Zeit transportierst du dich auf eine höhere Schwingungsebene, die auch dem anderen die Möglichkeit schenkt, Wertschätzung zu leben.

Engel des Vergnügens

Ein Instrument spielen, einfach so zur Freude. Lachen und sich über Kleinigkeiten freuen. Mal genüsslich in den Tag hineinleben und nur das tun, was gerade Spaß macht. Sich farbenfroh kleiden, tanzen, mit Freunden essen gehen oder gemeinsam kochen ...
Es gibt unendlich vieles, was uns Vergnügen machen kann.
Was wäre, wenn das Erdenleben genau dafür da wäre?

Heil- und Schutzengel des Herzchakras

Das Herzchakra bildet die Mitte der sieben Hauptchakren und liegt auf Höhe des organischen Herzens. Damit ist es die Verbindung zwischen den unteren und oberen Chakren, den weltlichen und geistigen Ebenen. Es ist ein Kanal für die universelle Liebe. Alle Aspekte von Liebe, Partnerschaft, Vertrauen, Hingabe, Vergebung, sozialem Empfinden, Güte, Demut, Herzlichkeit, Mitgefühl und selbstloser Liebe sind seine Themen. Ist das Herzchakra geöffnet, verbindet es die Seele mit Himmel und Erde und transformiert alle Energien des Lebens auf eine höhere Schwingung. Ein ausgeglichenes Herzchakra gibt dir das Gefühl, mit der ganzen Welt und dir selbst in Liebe verbunden zu sein.

Erzengel Gabriel

Erzengel Gabriel ist der Engel der Verkündung. Sein Licht strahlt in zart weißgoldener Energie und bringt Freude, Heiterkeit und Leichtigkeit in jedes Leben. Er ist der Engel der Hoffnung und der Geburt und begleitet jeden Neuanfang. In seiner Energie fällt es den Menschen leichter, in die eigene Mitte zu finden und auch einander zu vergeben. Seine Meditation eröffnet dir eine Möglichkeit, selbst zu einem kraftvollen Feld der Liebe zu werden. Sie vermittelt Glücksgefühle und schafft mehr Nähe zu dir selbst und den Mitmenschen. Das Herzchakra wird aktiviert, sodass es fortan eine große Menge an Licht, Heilungsenergie und Liebe aufnehmen und an andere weitergeben kann.

Such dir einen schönen Platz, an dem du nicht gestört wirst. Mach es dir gemütlich, vielleicht mit etwas Räucherwerk und einer Kerze. Setz dich aufrecht und bequem hin. Schließe die Augen und atme entspannt ein und aus. Komm mit deinem Bewusstsein im Hier und Jetzt an und stell dir dann einen weißen, leuchtenden Lichtkanal vor, der von deinem Herzen ausströmend nach oben und unten durch deine Wirbelsäule fließt. Er verbindet dich nach oben mit dem Himmel und nach unten mit der Erde.

Konzentriere dich nun auf dein Herzchakra und atme in Gedanken weißes Licht hinein und wieder hinaus. Sprich in Gedanken: »Ich bitte Erzengel Gabriel, hier bei mir zu erscheinen.« Stell dir dann einen glitzernden weißen Lichtstrahl vor, der von deinem Herzen nach vorn geht – und dort erkennst du nach und nach die Gestalt des Erzengels. Wie eine schimmernde Lichtsäule steht er vor dir. Er zeigt sich dir vielleicht auch durch schöne Empfindungen wie beispielsweise Trost, Verständnis, Wärme und Geborgenheit.

Sprich ihn vertrauensvoll an, wie einen guten alten Freund, den du schon lange kennst: »Ich grüße dich, Erzengel Gabriel, und bitte dich, mich stärker mit dir und deiner Energie zu verbinden. Bitte öffne, aktiviere und belebe mein spirituelles Herz. Führe mich auf meinen Herzensweg, sollte ich diesen verlassen haben.«

Stell dir nun vor, wie sich die Lichtsäule von Gabriel auf dich zubewegt und sich mit dir verbindet. Spüre, wie sich die Energie des Engels mit deiner Energie verbindet. Alle Anspannungen, Ängste, Sorgen und Zweifel beginnen sich zu lösen und verwandeln sich in kleine Lichtsplitter, die über den Lichtkanal des Engels nach oben in den Himmel gezogen werden, so als gäbe es da einen unsichtbaren Staubsauger, der die Negativität absaugt.

Richte dein Bewusstsein nun auf dein Herz. Erzengel Gabriel steht wieder vor dir und legt eine Hand dorthin und die andere auf deinen Rücken, in Höhe des Herzchakras. Von beiden Seiten strömen nun warme Lichtimpulse ein, die den Energiefluss im Herzchakra aktivieren und gleichzeitig Heilimpulse vermitteln.

Mit einem Mal siehst du einen riesigen leuchtenden Diamanten in deinem Herzen, der sich um seine eigene Achse nach rechts zu drehen beginnt. Er nimmt die heilende Lichtkraft von Erzengel Gabriel auf und verteilt sie beim Drehen in alle Himmelsrichtungen. Wie ein leuchtender Springbrunnen sprudelt Gabriels Licht über deinen Herzdiamanten in alle Regionen deines Körpers, deines Geistes und deiner Seele. Jede deiner Zellen wird mit dieser positiven Energie aufgeladen. Und weiter geht sie nach außen, in den Raum um dich herum, zu all den Menschen, die dir am Herzen liegen, zu deinen Freunden, Kindern, Eltern, Nachbarn und Kollegen. Stell dir vor, wie du mit allen durch ein Lichtgitternetz verbunden bist. Indem du diese Liebe der Gabrielenergie versendest, beginnen auch die Herzdiamanten der anderen Menschen zu erwachen. Immer mehr Liebe und Heilung verbreiten sich auf der Erde.

Richte deinen Fokus nun wieder ganz auf dein Herz und deinen sprudelnden, sich drehenden Diamanten. Stell dir vor, wie du mit deinem ganzen Bewusstsein in ihn hineintauchst und im Zentrum seiner Mitte absolute Stille findest. Atme für einen Moment diese Stille tief in dich hinein. Nimm dich und deine Energie wahr, so wie sie jetzt ist. Es ist ein Raum der Ruhe und der Andacht. Hier kannst du so sein, wie du wirklich bist. Du musst niemandem etwas beweisen, es gibt kein Vorher und kein Nachher, es gibt nur das Jetzt. Du tankst auf, reine göttliche Energie.

Nun wird es schon wieder Zeit, sich zu verabschieden. Bringe dein Bewusstsein allmählich wieder zurück in deinen physischen Körper. Werde dir deiner Präsenz in deinem Körper deutlich gewahr. Richte dein Bewusstsein auf deine Füße und verankere dich mit ihnen in der Erde. Bedanke dich bei Erzengel Gabriel und seiner Energie und sieh zu, wie sich seine Lichtsäule langsam wieder auflöst. Nimm noch ein letztes Mal mit drei tiefen Atemzügen das weiße Licht in dich auf und öffne dann wieder die Augen. Lass dich von dem reinen, starken Gefühl in deinem Herzzentrum durch den weiteren Tag tragen.

Engel der Selbstliebe

Deine Seele wünscht sich nichts sehnlicher, als ihre übergroße Liebe durch dein Menschsein zu offenbaren. Unentwegt flüstert sie dir zu, was für ein wundervoller Mensch du bist. Sobald du ihr glaubst, wird die Sonne in deinem Herzen strahlen.

Engel der Dankbarkeit

Kennst du das Gefühl, an der Kasse zu stehen, und nach einer gefühlten Stunde sind erst drei Minuten vergangen, und du bist noch kein Stück näher an die Kassiererin herangekommen? Nutze die Zeit, um in Gedanken den Engel der Dankbarkeit herbeizurufen. Bitte ihn, dich in seine schöne Energie zu hüllen und deine Schwingung so anzuheben, dass du Leichtigkeit und Freude erlebst und ausstrahlst.

Und dann beginnst du, dich umzuschauen und allem gedanklich deinen Dank auszusprechen, was du siehst. Schau zum Beispiel in deinen Warenkorb: Was befindet sich dort alles Schönes, Leckeres oder Nützliches? Sind diese Dinge für dich kostbar oder einfach selbstverständlich? Kannst du dich noch an einem frischen Brot erfreuen oder an einem Apfel? Der Engel der Dankbarkeit lehrt es dich wieder – und macht dich dabei erfüllt und glücklich. Das Warten in der Schlange ist schon vergessen.

Engel der Geduld

Wann immer deine Nerven zum Zerreißen gespannt sind: Atme tief in deinen unteren Bauch ein, halte den Atem zwei Sekunden an und fokussiere dich auf dein Zentrum. Lass den Atem dann langsam aus dir herausfließen, bis zum letzten Quäntchen. Übe das geduldig, bis es dir zur Gewohnheit geworden ist. Dein Energiehaushalt wird sich wie nebenbei auch harmonisieren. Es bleibt Kraft für das Wesentliche.

Engel der Hoffnung und Heilung

Gerade in Zeiten der Schwere: Hebe deinen Blick zum Himmel und vertiefe dich in sein lichtes, zartes Blau. Lass dich von der Energie dieses Engels wie von blauen Hoffnungsstrahlen durchfluten. Richte dich innerlich auf. Du bekommst von deinen Engeln stets alle Kraft, die du brauchst, um zu heilen und dein Leben zu meistern.

Engel der Vergebung und des Loslassens

Dein Herz kann heilen, wenn du dir selbst und anderen vergibst. Vielleicht gibt es in dir irgendwo noch einen Groll oder einen Zorn auf einen anderen Menschen oder das Leben selbst. Der Engel der Vergebung und des Loslassens bietet dir an, diese schwelenden Emotionen seinen heilenden Energien zu überlassen. Begib dich in seinen silbernen Strahl der Gnade. So wirst du vergeben und loslassen und frei in deinem Leben vorangehen.

Engel der Heilung des inneren Kindes

Schließe für einen Moment deine Augen und spüre in dein Herz hinein. Frage dich: »Wenn ich wüsste, welcher kindliche Anteil in mir jetzt am dringendsten meine Hilfe bräuchte, welcher wäre es?« Lass diese Frage einen Moment in dir wirken und schau, welches Bild oder Gefühl sich dir zeigt. Vielleicht siehst du dich als dreijähriges Kind irgendwo allein herumsitzen und sich nichts sehnlicher wünschen, als dass die Mutter kommt, um dich abzuholen.

Nimm dieses Kind in deinen Arm und gib ihm deine ganze Liebe und Hingabe. Lass den Heilungsstrom der Liebe aus deinem Herzen zum Herzen dieses Kindes fließen, so lange, bis es wieder glücklich lacht. Die Engel unterstützen dich dabei.

Heil- und Schutzengel des Halschakras

Auf Höhe des Kehlkopfes befindet sich das Halschakra. Es steht für den Selbstausdruck der höchsten Wahrheit unserer Seele und ist gleichzeitig ihr Sprachrohr. Es ist die Verbindungsstelle zu unserem hohen Selbst und steht für unser Unterscheidungsvermögen, für Transformationsfähigkeit, Integrität und Kommunikationsfähigkeit.

Erzengel Uriel

Erzengel Uriel ist einer der größten Friedensbringer auf Erden. Er wird oft als Sternenregent und Hüter des Paradieses bezeichnet und verbindet die Erde mit dem Himmel. Er ist der Überbringer der göttlichen Ordnung und hilft, Dinge neu zu strukturieren, zu ordnen oder zu materialisieren oder ihnen Dauer zu verleihen. Er ist auch ein Überbringer göttlicher Geheimnisse. Seine Energie ist warm, kraftspendend, freudvoll, begeisternd, harmonisierend, inspirierend. Er ist ein Engel der Freude und unterstützt uns bei Themen wie Kontrolle, Macht, Kampf und Konkurrenz. Win-win-Situationen liebt er, und er stärkt in uns die Bereitschaft, sich selbst als Gefäß der Seele und ihres Potenzials zu erleben, um in Freude dem Wohle des Lebens zu dienen.

Für seine Meditation kannst du sanfte, leise Musik auflegen, etwas Räucherwerk und drei goldene (oder gelbe) Kerzen anzünden. Setz dich bequem, aber mit aufrechtem Rücken hin. Deine Hände ruhen entspannt mit den Handflächen nach oben auf den Oberschenkeln. Schließe die Augen. Atme tief in deinen Herzraum und stell dir vor, wie sich deine Seele mit jedem Atemzug daran erfreut, hier auf der Erde in einem Körper freudvolle Erfahrungen zu machen. Die Liebeskraft deines Herzens erhöht sich immer mehr. Fühle, wie die Energie des Ausatmens dich befreit, wie sich Spannungen deiner Muskulatur lösen und die Freude zunimmt.

In deinen Gedanken bittest du jetzt Erzengel Uriel herbei. Vielleicht möchtest du dafür folgende Worte verwenden: »Ich verbinde mich mit der höchsten, göttlichen und geistigen Ebene und sende einen Strahl der Liebe und des Lichtes zu dir, Erzengel Uriel. Ich bitte dich, verbinde mich mit deiner Liebe und deiner Kraft. Bitte lade mich mit deiner bedingungslosen Liebe auf und schenke mir die Kraft, die ich brauche, um die Dinge zu verwirklichen, die meinem Herzensweg entsprechen.«

Stell dir nun vor, wie eine riesige strahlend sonnengelbe Lichtsäule vor dir auftaucht und dich in ihre kraftvolle Energie einhüllt. Über deinem Kopf am Kronenchakra taucht eine kleine goldene Sonne auf, die sich nach rechts zu drehen beginnt und dabei glitzernde Lichtfunken versprüht. Du empfängst die kraftvolle Energie von Erzengel Uriel, mit all den Lichtenergien, die du für deinen nächsten Entwicklungsschritt benötigst. Fühle ihre Kraft. Diese Lichtenergie zirkuliert über und um deinen Kopf herum und gibt ihre Energie in alle deine feinstofflichen Körper ab.

Uriel leitet die Energie nun mit deinem nächsten Atemzug weiter nach unten zum nächsten Energiezentrum, dem Stirnchakra. Während du ganz entspannt ausatmest, beobachtest du auch hier eine kleine Sonne, die sich mit der Kraft des Erzengels verbindet und nach rechts dreht. Jetzt kannst du alle störenden Gedanken abfließen lassen und deinen Blick auf die Welt reinigen.

Wenn du so weit bist, ziehst du mit dem Einatmen die gelbgoldene Sonnenenergie vom Stirnchakra zusammen, so als würdest du eine Pumpe imitieren, und lenkst sie mit dem entspannten Ausatmen weiter nach unten zum Halschakra. Auch hier befindet sich eine kleine Sonne und dreht sich nach rechts. Beobachte während des Ausatmens, wie sich die Energie in diesem Zentrum verteilt. Wenn die gelbgoldene Schwingung Erzengel Uriels dieses Zentrum vollkommen erfüllt hat, lenkst du sie mit dem Ausatmen hinunter zu deinem Herzchakra. Auch hier befindet sich eine gelbgoldene Sonne, die sich nach rechts zu drehen beginnt. Nach und nach lenkst du die Energie von Uriel nach unten. So erfüllt sie bald auch dein Solarplexuschakra ... das Sakralchakra ... und das Wurzelchakra. Überall drehen sich kleine goldgelbe Sonnen und verteilen die heilsame Schwingung. Fühle die Befreiung auf allen Ebenen und spüre das neue Vertrauen, das sich in deinem Bewusstsein einzustellen beginnt.

Stell dir vor deinem geistigen Auge ganz deutlich vor, wie alle deine inneren Sonnen aktiviert sind und dich ihr Licht von allen Ängsten und Urängsten befreit. Du bist angebunden an die Kraft des Himmels und an die Kraft der Sonne, und die gelbgoldene Kraft Erzengel Uriels durchflutet dich wie ein reinigender Lichtfluss.

Dein ganzes Wesen ist nun von Freude und Begeisterung erfüllt. Du bist aufs Engste mit Erzengel Uriel verbunden, ja, du bist nun selbst zu einem leuchtenden Engel geworden, der seine riesigen Flügel zur vollen Größe auffächert. Wie fühlt es sich an, so vollkommen in der eigenen Kraft und erfüllt zu sein von vollkommener Liebe und Güte?

Was wirst du mit dieser Kraft tun? Lass eine Vision von dir und deinen Zielen entstehen, von deinem höchsten und besten Selbstausdruck. Hast du dieses Bild? Dann sende die ganze Liebe und Kraft, die dir zur Verfügung steht, hinein und bitte Erzengel Uriel, diese Vision in Einklang mit deinem göttlichen Plan zu bringen. Lass dir von ihm zeigen, welche Schritte zur Realisierung deiner Ziele notwendig sind. Fühle die Kraft und Stärke in dir und fasse den Entschluss, diese Schritte zu gehen und dein Leben in Einklang mit deinem Herzen zu leben.

Stell dir vor, wie du dich nun mit deinen Flügeln in die Luft erhebst und von Erzengel Uriel über alle Schwierigkeiten und Blockaden mit Leichtigkeit hinweggetragen wirst. Es liegt in deiner Hand, das Beste aus dir und deinem Leben zu machen.

Fliege in Gedanken nun wieder zurück zu deinem Meditationssitz. Falte deine Lichtflügel ein. Lächle sanft und bedanke dich bei Erzengel Uriel. Atme noch einmal bewusst das goldgelbe Licht ein und wieder aus und öffne deine Augen. Sei wieder ganz im Hier und Jetzt präsent.

Engel der Leichtigkeit

Stell dir einmal vor, wie du einen zwanzig Kilo schweren Rucksack einen riesigen Berg hinaufschleppst. Anstrengend, oder? Dann bist du endlich oben und befreist dich von der schweren Last. Welch eine Wohltat für deine Schultern und deinen ganzen Körper!

Was aber ist mit dem Rucksack voller Emotionen und Sorgen? Wie lange schleppst du den schon mit dir herum? Setze auch diese Last ab. Öffne den Rucksack und übergib alles, was in ihm enthalten ist, dem Engel der Leichtigkeit. Für ihn ist es ein Leichtes, die Last zu übernehmen und zu transformieren. Ihm ist es ein Herzensanliegen, dass du deinen Weg beschwingt und freudig gehst. Erlaube es dir und wähle die Leichtigkeit!

Engel des Selbstvertrauens

Nicht immer fühlen wir uns von Fortuna geküsst. Fühlst du dich gerade etwas klein und könntest ein bisschen Lob gut gebrauchen? Steht eine Prüfung bevor und der Zweifel nagt an dir, ob du sie gut meistern wirst?

Rufe den Engel des Selbstvertrauens herbei. Er wird dir beistehen bei allen Prüfungen, die du zu bestehen hast. Er weiß, dass in dir mehr Fähigkeiten stecken, als du dir im Moment vorstellen kannst. Lass dir von ihm ein Bild zeigen, wie du erfolgreich und voller Selbstvertrauen deinen Weg gehst.

Engel des kreativen Selbstausdrucks

Das Göttliche ist pure Kreativität. Und auch in dir lebt diese Energie. Du brauchst dich nur daran zu erinnern, dass du ein kraftvoller lichtvoller Aspekt des Göttlichen bist. Hab den Mut, dich zum Ausdruck zu bringen und zu zeigen, wer du wirklich bist. Du kannst in jedem Aspekt deines Lebens Kreativität leben. Deine Seele sehnt sich danach, sich in dieser Welt in einer materiellen Form auszudrücken – über Tanz, Gesang, Malerei, über Worte oder Gesten. Kreativität kennt keine Grenzen.

Engel des Verstehens

Ob von anderen Menschen oder der eigenen inneren Stimme – nicht immer verstehen wir das, was uns gesagt oder bedeutet wird. Der Engel des Verstehens kann dir helfen, die Sprache deines Herzens vollkommen klar zu vernehmen. Dann geschieht das Wunder: Du wirst nicht nur dich selbst, sondern auch andere und die Welt der Engel viel besser verstehen. Klar, unmissverständlich, im liebevollen Miteinander.

Engel der Wahrhaftigkeit

Freiheit bedeutet, stets im Einklang mit deinem höchsten Wohl zu handeln und zum Ausdruck zu bringen, wie du im Moment empfindest. Dann kleidest du dich nicht in glitzernde Roben, wenn du im Moment lieber eine Schürze trägst. Und du machst dich nicht klein, wenn du weißt, wie viel du kannst und zu geben hast.

Versuche, deine Wahrheit zu finden und dir selbst und anderen wahrhaftig gegenüberzutreten. Genau dadurch erfährst du, was es heißt, im Herzen bei sich selbst angekommen zu sein.

Engel des Friedens

Frieden ist das, was sich die meisten Menschen in ihren Herzen wünschen. Doch wenn wir uns die Welt ansehen, scheint er nicht leicht zu leben zu sein.

Beginne damit, in deinem Inneren Frieden herzustellen. Tagtäglich neu. Der Engel des Friedens freut sich, dir dabei zu helfen, dich mit dir selbst zutiefst anzufreunden und ebenso mit dem, was das Leben dir im jeweiligen Moment präsentiert. Der Frieden in dir ist dein schönster Beitrag zum Frieden in der Welt.

Heil- und Schutzengel des Stirnchakras

Stell dir zwei Linien in deinem Kopf vor: Die eine reicht von einem Ohr zum anderen und die andere von der Nasenwurzel zum Hinterkopf. Wo sie sich kreuzen, liegt das Stirnchakra, das Tor zur geistigen Welt, und steht für die Verbindung zur Seele, die Kommunikation mit dem Geistigen und die außersinnliche Wahrnehmung, den höheren Verstand, Fantasie, höhere Intelligenz, Vorstellungskraft, Vision.

Erzengel Haniel

Erzengel Haniel ist ein Engel der Schönheit, Anmut und inneren Harmonie. Er hilft uns, in unsere Größe, Kraft und Gelassenheit zu kommen. Haben wir uns in irgendwelche Geschichten verstrickt, kann er unsere Verzweiflung lösen. Er bringt uns wieder in unsere Mitte und hilft uns, entspannt und frei auf das Wesentliche fokussiert zu bleiben. Seine Schwingung verbindet uns mit der heilenden Energie des Mondes und bringt so unsere weiblichen und männlichen Pole in Harmonie.

Die folgende Meditation dient der energetischen Reinigung, stärkt das Selbstbewusstsein, erzeugt Harmonie zwischen Körper, Geist und Seele und verhilft zu einem positiven, inneren Selbstbild. Sie vermittelt eine Vision des eigenen Selbst.

Sorge dafür, dass du für die nächste Zeit nicht gestört wirst. Zünde etwas Räucherwerk und eine silberne oder weiße Kerze an. Gerne kannst du auch leise schöne Musik laufen lassen. Setz dich dann auf ein Sitzkissen oder in einen bequemen Sessel, mit aufgerichtetem Rücken. Lege deine Hände auf deine Oberschenkel und schließe die Augen. Atme tief in den unteren Bauch ein und ganz langsam wieder aus. Deine Gesichtszüge entspannen sich, und du lächelst weich.

Stell dir vor, es ist eine laue Sommernacht, der Vollmond strahlt über den Himmel, der durchzogen ist von Milliarden von Sternen. Du stehst auf einem Hügel unter einem Baum, dessen Äste sich im Abendwind wiegen, und verschmilzt weich mit der dunklen Silhouette des Baumes. Das Licht der Sterne leuchtet hell und klar, und während du es betrachtest, empfindest du vielleicht ein unbestimmtes Gefühl, ein merkwürdiges Ziehen in der Herzgegend. Eine Sehnsucht nach einem Ort jenseits dieser Welt. Vielleicht beschleicht dich das Gefühl, du seist nicht am richtigen Ort, und dein wahres Zuhause befände sich in Wirklichkeit dort oben.

Einem dieser Sterne schenkst du ganz besonders viel Aufmerksamkeit und stellst dir vielleicht vor, wie es dort oben wohl aussehen könnte. Was dich von diesem besonderen Stern trennt, ist eine schier unendlich weite Entfernung, was dich ein bisschen traurig macht. In Gedanken bittest du um Unterstützung. Und augenblicklich wird ein großer, hell leuchtender Engel vor dir sichtbar. Er breitet seine lichten Flügel aus und hüllt dich darin ein. »Vertraue mir«, flüstert er, »ich bin Erzengel Haniel und werde dir helfen.« Eh du dichs versiehst, umarmt er dich, ihr scheint zu verschmelzen und fliegt mit seinen riesigen Flügeln hinauf zum Mond. Leicht wie eine Feder setzt er dich dort ab und schaut dir liebevoll zu, wie du leichtfüßig über das Licht des Mondes schwebst und in dieser Schwingung badest.

Stell dir nun vor, wie du dich mit deinen Füßen im Mond verankerst und wieder in Richtung deines Lieblingssterns schaust. Um dich versammeln sich jetzt die Heilungs- und Schutzengel von Haniel und dem Mond und bilden einen Kreis um dich. Sie möchten dir helfen, deinen Emotionalkörper zu reinigen, damit du wieder mit leichtem Herzen und klarem Blick leben kannst. Haniel tritt hervor und legt eine Hand auf dein Herz, mit der anderen leitet er das Mondlicht hinein. Du fühlst, wie ein Stück Ewigkeit durch dich hindurchpulsiert.

Haniel fragt dich jetzt, welche schweren Emotionen auf dir lasten, die du den Engeln überlassen kannst? Traurigkeit? Übergib sie den Engeln ... Schuldgefühle? Übergib auch sie ... Schlechtes Gewissen? Verletzungen? Enttäuschungen? Liebeskummer? Gefühle von Verrat? Störende Bewertungen? Gefühle des Kleinseins? Zorn, Groll, Wertlosigkeit, Reue? Lass das alles los und vertraue darauf, dass es von Erzengel Haniel und den Mondheilungsengeln transformiert wird.

Stell dir vor, wie ein klares weiß-silbernes Licht von oben durch dein Kronenchakra und durch deine Wirbelsäule fließt und dich von allen Leidensgefühlen reinigt. In diese Lichtsäule fließt jetzt die Energie von Erzengel Haniel mit hinein und hüllt dich in Liebe ein. In Gedanken kannst du Haniel darum bitten, dein inneres Gleichgewicht wiederherzustellen, alle Schatten der Vergangenheit aus deinen feinstofflichen Körpern herauszufiltern und dich mit seiner liebevollen Energie und dem silbernen Mondlicht zu erfüllen. Du fühlst, wie dich die Schatten der Vergangenheit verlassen und in die Hände der Engel fließen. Geborgenheit, Leichtigkeit und Vertrauen strömen derweil in deinen Körper hinein und auch das Wissen, dass du nicht allein bist. Die Engel lassen dich wissen, dass du reine Liebe bist. Alles, was dich davon abhält, dich in der höchsten Version deines Selbst zu zeigen, ist nun bereinigt.

Du fühlst dich eingehüllt in ein neues Gewand der Freiheit und der Liebe. Die Engel des Mondes halten dir einen silbernen Spiegel vors Gesicht, in dem du dich in deiner Reinheit und Schönheit erkennen kannst. Der Spiegel zeigt dir deine vielfältigen Qualitäten und Gaben. Sie fragen nach deiner Vision. Möchtest du mehr Liebe in die Welt bringen? Mehr Güte? Kreativität? Welchen Teil deines lichtvollen Seins möchtest du fortan stärker zum Ausdruck bringen?

Lass die Antworten, die dir kommen, einen Augenblick in dir nachwirken, und lass dann von Erzengel Haniel dir die Kraft zufließen, die du brauchst, um deiner Vision zu folgen. Verabschiede dich nun von ihm und seinen heilenden Engeln und gehe über eine Brücke aus Mondlicht zurück zur Erde, zu deinem Baum. Nimm noch drei tiefe Atemzüge, und dann bist du wieder ganz im Hier und Jetzt und in deinem Körper.

Engel der Klarheit und Selbstreflexion

Klarheit im Innen führt zu Klarheit im Außen. Und umgekehrt. Fehlt es dir an Klarheit, kannst du innen oder außen beginnen, eine neue stimmige Ordnung zu schaffen. Es tut deiner inneren Klarheit immer gut, in deinem Zuhause aufzuräumen, dich von Dingen zu trennen, die dich nur belasten, und dich zum Beispiel mit Feng Shui zu beschäftigen.

Engel der Vision

Welche Vision hast du von dir und deinem Leben? Welche Vision hast du von dieser Welt und der Menschheit der Zukunft? Dein konstanter innerer Fokus auf das ideale Bild lenkt deine Energien genau dorthin. Nähre deine Vision mit deiner reinsten und liebevollsten Energie, damit sie wahr werden kann. Bitte den Engel der Vision, deine Gedanken stets in die richtige Richtung zu lenken und deiner Vision von dir und der Welt Flügel zu verleihen.

Engel der Aufmerksamkeit und des Lernens

So unendlich viel Spannendes können wir heute lernen. Doch in eine volle Tasse kann man bekanntlich nichts mehr gießen. Bitte daher den Engel der Aufmerksamkeit und des Lernens, dich immer wieder innerlich zu reinigen und zu leeren. Möge er alle Informationen, die dir nicht mehr dienen und die dich daran hindern, zu deiner eigenen inneren Wahrheit zu gelangen, aus dir herausspülen. So wirst du wieder bereit für Neues und lernst in der jetzigen Lebensphase für dich Wichtiges.

Engel des Erkennens und der Einsicht

Einsichtig sein, das heißt in sehr vielen Fällen, den eigenen Beitrag zu einer Situation zu erkennen und anzuerkennen. Keine leichte Aufgabe. Aber unendlich fruchtbar. Spring in verfahrenen Momenten über deinen Schatten und frage, was du in dir selbst verändern kannst, damit sich die Knoten lösen und die Energien wieder in Fluss kommen. Wahre Stärke übrigens ist ein Nebenprodukt auf diesem Weg.

Engel der Inspiration

Kennst du das wundervolle Gefühl, von einem Menschen, einem Film oder einer Beobachtung in der Natur inspiriert zu werden? Plötzlich sprudeln die Ideen, du verstehst etwas ganz neu oder weißt plötzlich, was du wirklich willst. Lass dich vom Engel der Inspiration leiten und bitte ihn, dich öfter zu solchen Momenten zu führen. Und beobachte auch, wie oft du für andere zu einem »Engel der Inspiration« wirst.

Engel der Manifestation und der Selbstverwirklichung

Möchtest du mehr Freiheit oder Freude im Leben erfahren? Dich im Beruf verwirklichen und gleichzeitig eine glückliche Beziehung führen? Ein Herzensprojekt verwirklichen? Der Engel der Manifestation und der Selbstverwirklichung kennt deine tiefsten Herzenswünsche und freut sich, dir seine Energie zu schenken, damit du erreichst, was wirklich wichtig ist. Überprüfe mit ihm, ob sich deine Wünsche im Einklang mit deiner Seele und deinem Lebensplan befinden. Wenn ja, dann könnt ihr gemeinsam mit Leichtigkeit die richtigen Bausteine dafür ins Rollen bringen.

Heil- und Schutzengel des Kronenchakras

Das Kronenchakra steht allgemein für das Einheitsbewusstsein und die göttliche Führung. Es ist das Verbindungstor zwischen unserer irdischen Präsenz und unserer göttlichen Herkunft. Es verbindet uns mit unserer göttlichen Heimat, dem Ursprung allen Lebens, jenseits unserer physischen Natur. Über dieses Chakra können wir mit Ebenen höchsten Wissens und tiefster Weisheit in Kontakt kommen.

Erzengel Raphael

Als göttlicher Heiler ist er der Hauptrepräsentant aller Heilungsengel und unterstützt jeden Heilungsvorgang im Universum. Er steht an der Seite eines jeden Arztes, Heilers oder Therapeuten, führt die Hand des Chirurgen und lässt seine göttliche, grenzenlose Heilkraft über die Gedanken und das Herz in jeden Bereich des Körpers, des Geistes und der Seele einfließen, wo immer das benötigt wird. Sein Heilungswissen kann sich auf jeden Menschen übertragen, der sich dafür öffnen möchte. Die folgende Meditation unterstützt dich dabei:

Sorge dafür, dass du die nächste Zeit über nicht gestört wirst. Wenn du möchtest, lege sanft Musik auf und zünde etwas Räucherwerk an.

Setz dich dann hin und halte einen kurzen Moment inne. Spüre in dich hinein. Frage dein Herz oder dein Bauchgefühl: »Wenn ich wüsste, wie viele Bereiche oder Aspekte es in mir gibt, die jetzt der Heilung bedürfen, dann wären es … drei, zehn oder mehr?«

Nimm so viele Teelichter oder Kerzen zur Hand, wie du jetzt Anteilen Heilung und Raum geben möchtest. Wenn es mehr als hundert Anteile sein sollten, ordne einfach in deinen Gedanken die Zahl hundert ein paar Kerzen oder Teelichtern zu. Platziere sie in einen großen Kreis auf dem Boden und nimm als Teil des Kreises auf einem bequemen Kissen Platz.

Schließe die Augen und atme tief in deinen Herzraum ein, sodass sich dein Brustkorb weit öffnet. Halte die Luft mit deinem Fokus auf das Herzzentrum gerichtet für einen Moment an, werde dir der lichten Präsenz in dir bewusst und atme dann ganz langsam und entspannt wieder aus. Wiederhole dieses bewusste Atmen, so oft du möchtest und es sich für dich gut anfühlt.

Lade nun Erzengel Raphael mit all seinen heilenden Engeln zu dir ein und bitte ihn, einen liebevollen, energetischen Schutz um dich herum zu kreieren. Bitte ihn, den Raum um dich herum mit seiner heilenden Schwingung anzufüllen. Atme in deiner Vorstellung ein leuchtendes Hellgrün über dein Kronenchakra in dein Herz hinein und lass es über dein Herz in den Kreis ausströmen, in dem du sitzt, und darüber hinaus in den ganzen Raum. Bald bist du in deiner Vorstellung vollkommen eingehüllt in grünes Licht. Sei dir der heilenden Präsenz Erzengel Raphaels bewusst, der sich vor dir in deinem Kerzenkreis zeigt. Er reicht dir seine Hand und überträgt seine heilende Energie über sein Herz in deines.

Fühle nun in dich hinein und stell in Gedanken eine Verbindung zu allen deinen Anteilen her, die du gern mit Heilung und Liebe versorgen lassen möchtest. Benenne jeden dieser Anteile oder Gruppen davon und stell sie in deiner Vorstellung jeweils zu einem Teelicht. Es können alle möglichen Anteile sein, zum Beispiel der Selbstanteil, der du als Kind warst, oder auch einer aus einem anderen Leben. Du kannst auch einfach nur eine Emotion oder einen Gedanken nehmen, den du gern heilen möchtest.

Hinter jedes dieser Teelichter und jeden deiner Anteile stellt sich jetzt ein Heilungsengel aus Erzengel Raphaels Reihen und versorgt diesen Anteil von dir mit allen Heilungsschwingungen, die er benötigt. Werde dir all dieser Qualitäten bewusst. Wie viel

Harmonie herrscht zwischen diesen Aspekten deiner selbst? Stell dir vor, dass jeder dieser Anteile eine eigene Persönlichkeit besitzt. Je mehr Verbundenheit zwischen ihnen herrscht, desto besser kann der Strom an heilsamer Engelsenergie sie verbinden und versorgen, und desto mehr Lebensfreude wird dein Wesen erhellen. Schau jedem einzelnen deiner Selbstanteile mit Liebe in die Augen und stell dir vor, wie du ihnen die Hand reichst. Ihr fasst euch an den Händen und bildet einen Kreis, sodass euch die Liebe, die jetzt durch eure Hände fließt, wieder näher zueinanderbringt.

Bitte nun Erzengel Raphael, mit seiner lichten heilenden Energie die Herzen aller Anteile mit Liebe und Heilung zu erfüllen. Bitte ihn, seine Heilungsschwingung über dein Kronenchakra in dich hineinfließen zu lassen und alle deine Chakren auszubalancieren. Über jedes Chakra, das er reinigt, klärt und mit seiner Energie auffüllt, fließt diese Heilungsenergie zu den Anteilen im Kreis, damit auch sie mit dieser Kraft Raphaels versorgt werden und zurück in ihre göttliche Harmonie kommen.

Während die Energie durch dich fließt, kannst du in Gedanken diese Affirmation sprechen: »Ich bin ein Kind des Göttlichen und verzeihe mir selbst und anderen von Herzen. Ich lasse das Kämpfen los und heile den Schmerz. Ich wähle die Heilung und den Frieden in mir. Möge ich wieder im Einklang und in Harmonie mit mir selbst, dem Leben und dem Universum sein.«

Lass nun alle Anteile in der Mitte, nahe bei Erzengel Raphael, zusammenkommen. Steh auch selbst auf und stell dich zu ihnen, damit ihr wieder zu einer Einheit zusammenschmelzen könnt. Du kannst jeden Anteil spüren, denn du bist sie alle, ihr seid alle eins. Fühle die tiefe Liebe und den Zusammenhalt, den ihr nun wieder in euch habt. Mit neuer Freude bedankst du dich jetzt bei den Heilungsengeln und Erzengel Raphael und öffnest in deinem Tempo wieder die Augen.

Beende die Meditation, indem du die Kerzen ausbläst, das Fenster öffnest und den Raum verlässt. Freu dich darauf, Menschen nun mit einem höheren Maß an Zuneigung und Offenheit zu begegnen. Die allgegenwärtige Liebe von Erzengel Raphael ist dein steter Begleiter auf deinem Weg zur Einheit und in die grenzenlose Liebe.

Engel der göttlichen Heilung

Heilung ist eine Gnade. Sie kann jederzeit und überall geschehen. Sie fließt als Liebe des Höchsten über unser Herz in unser gesamtes Wesen und in die Welt.

In welchem Bereich auch immer du dieses Geschenk benötigst, bitte den Engel der göttlichen Heilung, dir seine Heilungsenergie zuzusenden. Bitte um seinen Segen und öffne dein Herz. Sei bereit für deine Heilung.

Engel der Transformation

Transformation ist ein göttliches Geschenk. Sie hebt unser Bewusstsein auf immer neue, immer noch höher schwingende Ebenen empor und lässt uns unsere wahre Natur der Liebe und der Freiheit erfahren.

Übergib alles Alte und Verbrauchte dem Engel der Transformation und entscheide dich täglich aufs Neue für deine wahre Natur und die allerhöchste Version deines Selbst. Du wirst Erstaunliches erleben.

Engel des Lebenssinns und der Lebensaufgabe

Du erfährst das höchste Maß an Lebenssinn, wenn du den Lebensplan deiner Seele hier auf Erden verwirklichst. Mach dich also auf die Suche nach genau dieser Aufgabe, die du dir für diese Existenz vorgenommen hast. Es könnte sein, dass du ihr näherkommst, indem du dich mit diesem Engel verbindest.

Engel der Wunder und der Mystik

Schon immer in der Geschichte gab es Wunderheilungen und Menschen, die mit ihrer mystischen sakralen Verbindung zum Geistigen anderen auf wundersame Weise helfen konnten. Vielleicht bist du gerade in einer Situation, in der du ein solches Wunder gut gebrauchen könntest. Möglicherweise weil ein geliebtes Familienmitglied schwer krank geworden ist. Oder weil du einfach nicht mehr weiterweißt. Rufe den Engel der Wunder und der Mystik an und bitte um Unterstützung. Lass dich von ihm so führen, dass du dich immer inniger mit deiner Seele verbinden kannst. Das wird dir ebenso wie deinen Liebsten und deinen Projekten und Vorhaben helfen.

Engel der Glückseligkeit

Glückseligkeit kannst du auf deinem spirituellen Weg in allem finden, was dir begegnet. Erstaunlich, oder? Schau einmal genauer hin. Alle Aspekte des Lebens dienen dir. Und du dienst ihnen ebenso auf ihrem Weg zu ihrer wahren Bestimmung. Alles ist in der Ordnung.

Bitte den Engel der Glückseligkeit, sich mit dir zu verbinden. Beginne, von innen her zu leuchten und selbst das zu werden, was du dir in der Welt so sehr wünschst. Du selbst bist das Geschenk, das dir selbst und anderen zur Glückseligkeit verhelfen kann.

Engel des Lichts und des göttlichen Schutzes

Solltest du einmal das Licht aus den Augen verloren haben, fürchte dich nicht, denn die Engel des Lichtes sind immer für dich da und hüllen dich in ihre Liebe. Diese Liebe ist der stärkste Schutz, den du dir nur vorstellen kannst. Bleibe im Vertrauen. Du wirst in Liebe geführt.

Danksagung

Mein Herz ist in diesem Moment, jetzt, wo das Buch fertig ist, so erfüllt von Dankbarkeit, dass ich fast nicht die richtigen Wort finde für die überwältigende Liebe, immerwährende geduldige Unterstützung, großzügige Nachsicht und liebevolle Führung meiner Engel. Ich danke ihnen für ihren Schutz und die Rettung aus einigen sehr dramatischen Situationen in meinem Leben. Ich danke ihnen für die grenzenlose Freude und Begeisterung, mit der sie mich jeden Tag aufs Neue beschenken und dafür, wie sie mich mit ihrer schöpferischen Kraft inspirieren. Ich danke ihnen für ihre dauerhafte liebevolle Präsenz um mich und die vielen spielerischen Unterhaltungen mit ihnen, die mein Herz so erfreuen. Ich danke ihnen auch für die immer wieder warnenden oder auch aufmunternden Worte und ihre aufrichtende Energie in schwierigen Zeiten. Ihr seid wirkliche Freunde, und das schon seit Anbeginn der Zeit! Von Herzen wünsche ich mir, dass immer mehr Menschen den Zugang zu euch finden und in den Genuss einer solchen Freundschaft kommen. Es macht das Leben um ein Vielfaches leichter und schöner.

Meinen ganz besonderen Dank möchte ich hiermit Anja Schmidt, der Programmleiterin des Arkana-Verlags aussprechen, die mit ihrer feinen Intuition und ihrem großen Einsatz dieses Buch ermöglicht hat. Mein herzlicher Dank gilt auch dem Verlagsleiter Ulrich Ehrenspiel, dafür, dass er dieses »Engelexperiment« wagte.

Mein tiefster Dank gilt auch meiner wundervollen Lektorin Diane Zilliges, die mit ihrer zauberhaften Energie und einer Engelsgeduld meine zuweilen sehr komplexen Texte in einen leichten Lesegenuss verwandelte und dieses Buch auch über ihr Gespür für Form und Struktur mit zum Leben erweckt hat.

Und ich möchte meinen liebsten irdischen Engeln Raphael, Mariana, Philip, Sanja, Sibel, Natascha und Rosa sowie ihren zauberhaften Kindern, die das Licht auf diese Welt strahlen, von Herzen danken! Für eure Liebe, euer Licht, eure Präsenz um mich herum und eure liebevolle Unterstützung! Ohne euch wäre dieses Leben nur halb so schön! Ihr repräsentiert für mich die Eigenschaften und Qualitäten, die ich sonst nur von den himmlischen Engeln her kenne. Tausend Dank, dass es euch gibt.

Meine Danksagung gilt auch meiner lieben Mutter, die sich so sehr für Engel interessiert, und meinem Vater, auch wenn er sich überhaupt nicht für Engel interessiert, sowie meiner zauberhaften Schwester Diana.

Und es ist mir ein persönliches Anliegen, meinem Lieblingsautor Neale Donald Walsch für sein fantastisches Buch »Gespräche mit Gott« zu danken. Selten hatte ich so viel Spaß und Freude beim Lesen! Dieses Buch hat mein Leben sehr positiv beeinflusst. Vielen Dank dafür!

Ich danke jedem Leser, der sich für dieses Buch entschieden hat! Möge es allen ein Licht auf ihrem Weg sein und helfen, die Herausforderungen des Lebens leichter zu meistern. Möge ein jeder dabei wieder in die eigene Kraft gelangen und den inneren Frieden, die Leichtigkeit, Harmonie und Liebe spüren. Die Engel lieben alle und stehen in jedem Augenblick für jeden von uns bereit!

Elena Aviar hat sibirische Wurzeln und wurde 1978 in Berlin geboren. Sie ist spirituelle Lebensberaterin und Coach, Yogalehrerin und Künstlerin in München. Seit über zehn Jahren arbeitet sie mit Patienten, vor allem mit Hilfe der Engel, von denen sie einen Heilauftrag erhalten hat. So ist es ihr eine Herzensfreude, Menschen auf ihrem Weg zu begleiten und die positive Energie und Heilschwingungen der Engel in alle Bereiche des Lebens einfließen zu lassen. Zu ihren Aufgaben gehört es auch, aus dem Lot geratene Orte auf der Erde mit Hilfe der Engel energetisch anzuheben und zu heilen. Diese Heilungsschwingung wird über das Licht der Engel auch auf Bilder übertragen, um damit Räume sowie das menschliche Energiesystem zu reinigen, zu harmonisieren und mit stärkenden Energien aufzuladen.